박영규 선생님의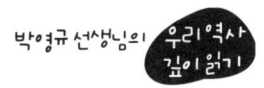

조선사 이야기 3
숙종부터 순종까지

그린이 **최상규**

대학에서 일러스트레이션을 공부했습니다. 한국출판미술가협회 주최
일러스트레이션 공모전의 전래동화 부문, LG동아국제만화 페스티벌의 카툰 부문에 입상했습니다.
그동안 《그리스 신화》《그림 형제 동화》《만파식적》《내가 옛날에 태어났다면 어떻게 살았을까》 등의 책에
그림을 그렸고 어린이를 위한 재미있고 멋진 그림을 그리기 위해 노력중입니다.

박영규 선생님의 우리 역사 깊이 읽기
조선사 이야기 3
숙종부터 순종까지

1판 1쇄인쇄 | 2005. 9. 26
1판 18쇄 발행 | 2015. 2. 10

박영규 글 | 최상규 그림

발행처 김영사 | 발행인 김강유
편집주간 전지운
편집 고영완 문자영 김지아 김재윤 박은희 김효성 김보민
디자인 김순수 김민혜 윤소라 | 해외저작권 김소연
미디어지원부 박준기 조상현 이종문
마케팅부 이재균 주현욱 강점원 백미숙 | 제작부 김일환
사진제공 권태균 연합뉴스 중앙포토 세종대왕기념사업회
등록번호 제406-2003-036호
등록일자 1979. 5. 17
주소 경기도 파주시 교하읍 문발리 파주출판단지514-2 (우413-832)
전화 마케팅부 031-955-3100 편집부 031-955-3153~5
팩스 031-955-3111

ⓒ 2005 박영규
이 책의 저작권은 저자에게 있습니다.
저자와 출판사의 허락 없이 내용의 일부를 인용하거나 발췌하는 것을 금합니다.

값은 표지에 있습니다.
ISBN 978-89-349-1933-7 73900
ISBN 978-89-349-1949-3 73900(세트)

좋은 독자가 좋은 책을 만듭니다.
김영사는 독자 여러분의 의견에 항상 귀 기울이고 있습니다.
독자의견전화 | 031-955-3139
전자우편 | bestbook@gimmyoung.com
홈페이지 | www.gimmyoungjr.com
어린이들의책놀이터 | cafe.naver.com/gimmyoungjr

박영규 선생님의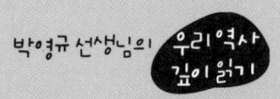

조선사 이야기 3
숙종부터 순종까지

주니어김영사

 **글쓴이의 말**

어린이들의 '깊은 역사 읽기'를 위하여

《한권으로 읽는 조선왕조실록》을 출간한 이후로 줄곧 어린이들을 위한 역사책을 집필해 달라는 요청을 받아왔다. 어린이들을 위한 역사책이 꼭 필요하다고 생각하면서도 매달려 있던 일들이 많아 좀처럼 시간을 내지 못해 그 일을 계속 미뤄 오기만 하다 드디어 첫 번째 결실을 맺게 되었다.

사람들은 우리 역사를 접할 때 고조선에서부터 삼국시대를 거쳐 고려, 조선 순으로 읽는다. 하지만 이런 식으로 역사 공부를 하게 되면 싫증을 내기 쉽다. 고조선이나 삼국시대의 역사는 지금으로부터 천 년도 더 된 오래 전의 이야기다. 그러니 우리에게는 낯설고 어려울 수밖에 없다. 그래서 나는 역사를 접할 때 오히려 시간을 반대로 거슬러 오르는 방법을 택하라고 권한다.

조선사는 비교적 우리에게 친근한 역사다. 그 때문에 그 이전의 역사에 비해 이해하기도 쉽다. 따라서 조선사를 먼저 읽으면 고려사를 이해하는 데에도 많은 도움이 된다. 5천 년 통사 중 《조선사 이야기》를 가장 먼저 출간한 이유는 바로 여기에 있다.

사실, 우리가 조선시대를 잘 알고 있는 것 같지만, 세세하게 아는 것은 별로 없다. 그저 대충 테두리만 아는 경우가 대부분이다. 거기다 때로는 잘못된 내용을 접하는 경우도 많다.

지식이란 머릿속에 한번 들어가면 고쳐지기 힘들다. 그래서 처음 접할 때 제대로 아는 것이 매우 중요하다. 특히 사실을 기초로 만들어진 역사 지식은 무엇보다도 정보의 정확성이 생명이다.

특히 어린이들을 위한 역사책은 정확한 내용을 담고 있어야 한다. 어릴 때 한 번 잘못 배운 지식은 어른이 되어서도 고쳐지기 어렵기 때문이다. 그래서 이 책을 쓰면서 무엇보다도 역사 내용을 정확하게 전달하는 데 주력했다.

흔히 어린이 책이라고 하면 깊이가 없는 경우가 많다. 또 너무 쉽게 이해시키려고 하다 보니 쉬운 단어만 골라 쓰기도 한다. 그런데 이렇게 하면 정말 알아야 하는 역사 용어를 모르게 될 수 있다.

이런 문제를 해결하기 위해 필자는 비록 어린이 책이라고 하더라도 꼭 필요한 역사 용어는 그대로 썼다. 대신 바로 옆에 그 용어에 대한 풀이를 해놓았다. 또 본문 중에 어떤 인물이 등장하면 그 인물에 대해서도 별도의 정보를 만들어 놓았다. 그래서 읽는 사람이 보다 깊고 넓게 알도록 만들었다.

하지만 지식이란 깊이 읽을수록 재미있는 법이다. 또 아는 것이 많아야 이해가 빠르다. 특히 역사 지식은 깊고 넓게 읽는 버릇을 들여야 한다.

역사는 단순히 과거를 아는 일이 아니다. 그 과거를 앎으로 해서 현재를 이해하고 미래를 준비하는 것이다. 그러므로 역사를 배우는 일은 과거의 정보를 기반으로 현재를 효율적으로 이끌고 미래를 여유 있게 준비하는 기반을 다지는 것이다.

어린 시절에 역사에 대한 풍부한 지식을 가지는 것은 매우 중요하다. 과거의 문화에 대한 풍요로움을 몸에 익히고 자신에게 닥친 현실을 현명하게 헤쳐나가는 지혜를 주기 때문이다.

필자가 이 책에 풍부한 정보를 담아, 보다 깊이 있는 역사적 시각을 마련해 주고자 하는 의도 또한 바로 여기에 있다. 모쪼록 이 책이 어린이들의 역사 지식 향상에 좋은 밑거름이 되었으면 한다.

박영규

차례

제19대 숙종실록
변화무쌍했던 군주 숙종   8

숙종 가계도   28
숙종의 생애   30
숙종의 왕비   32

제20대 경종실록
허약한 왕 경종   36

경종 가계도   40
경종의 생애   42
경종의 왕비   43

🏵 **조선사 깊이 읽기**
육조에서는 어떤 일을 했을까?   44

제21대 영조실록
탕평책을 실시해 인재를 등용한 영조   48

영조 가계도   64
영조의 생애   66
영조의 왕비   68

제22대 정조실록
규장각을 발전시킨 정조 70

정조 가계도 86
정조의 생애 89
정조의 왕비 91

제23대 순조실록
세도정치에 시달린 순조 92

순조 가계도 98
순조의 생애 100
순조의 왕비 102

제24대 헌종실록
가장 어린 나이로 왕위에 오른 헌종 104

헌종 가계도 106
헌종의 생애 108
헌종의 왕비 109

❀ 조선사 깊이 읽기
삼사는 어떤 일을 하는 곳이었을까? 110

제25대 철종실록
농부에서 왕이 된 철종 114

철종 가계도 120
철종의 생애 122
철종의 왕비 125

제26대 고종실록
밀려드는 외세에 휘둘린 고종 126

고종 가계도 160
고종의 생애 162
고종의 왕비 164

제27대 순종실록
조선왕조 몰락의 희생양이 된 순종 168

순종 가계도 170
순종의 생애 172
순종의 왕비 174

제19대 숙종실록

변화무쌍했던 군주 숙종

쫓겨나는 남인과 일어서는 서인

1674년 8월, 현종에 이어 14세의 어린 왕이 즉위하니 이가 바로 숙종이다. 숙종은 비록 나이는 어렸지만 조숙하고 명민하여 대비의 수렴청정을 받지 않고 즉위 즉시 친정(왕이 직접 정치를 주관하는 것)을 실시했다.

그러나 숙종은 왕위에 오르자마자 거친 당쟁에 휩싸여야 했다. 현종이 세상을 떴을 땐, 아직 효종의 왕비 인선왕후의 상중이었기 때문에 다시 서인들이 상복 문제를 들고 나온 것이다.

이번에도 송시열의 상소문이 이 문제에 불을 질렀다.

"전하, 예법이란 때에 따라 함부로 바뀔 수 없는 것이옵니다. 그러니 대행대왕(현종)께서 권력을 탐하는 무리들에 속아 잘못된 판단을 내린 것을 수정해야 할 것이옵니다."

숙종시대의 세계 약사

동아시아에서는 청나라가 여러 전쟁과 재난을 평정하고 세력권을 확대했으며, 영국 등의 유럽 국가와 무역을 시작했다. 이때 인도에서는 네덜란드가 커피 농장을 건설하는 등 유럽에 의한 침략 위협이 노골화되었다. 한편 유럽에서는 영국이 해상권을 장악했고, 각 국가간에 동맹이 결성되었다. 또한 식민지를 개척하기 위해 식민제국을 조직하고 서로간에 식민전쟁을 감행했다.

하지만 숙종은 대행대왕의 행적을 비방하는 송시열을 유배시켜 버렸다. 그러자 그를 지지하던 성균관 유생들이 대거 상소를 올렸다.

"전하, 송시열 선생의 주장은 틀리지 않사옵니다. 그를 유배하심은 부당하옵니다."

이에 질세라 남인을 지지하던 경상도 진주의 영남 유생들이 송시열의 유배는 당연하다는 견해를 담은 상소를 올렸다.

"전하, 송시열은 유림을 분열하고 왕을 능멸한 만고의 역적이옵니다. 그를 내치소서."

이렇듯 예법 문제로 조정은 물론이고, 재야의 유생들까지 편을 갈라 싸우자, 숙종은 과감한 결단을 내렸다.

"송시열을 유배시킨 것은 그가 대행대왕의 판단을 함부로 깎아내리고, 이미 끝난 문제를 가지고 싸움을 일으켰기 때문이다. 그러니 차후로 이 문제로 시끄럽게 하는 자가 있으면 모두 엄벌할 것이다."

이에 따라 조정에선 서인의 힘이 크게 약화되고, 남인이 정권을 주도하게 되었다. 그러자 서인 집안 출신인 숙종의 어머니 명성왕후가 숙종을 찾아왔다.

"주상, 서인을 모두 내쫓으면 남인들만 남게 될 것인데, 그리되면 남인들이 권력을 남용하고 왕실과 왕을 업신여길 것이오. 대책을 세워야 하지 않겠소?"

"그렇다면 송시열을 다시 조정으로 불러들이란 뜻입니까?"

명성왕후는 고개를 내저었다. 그녀는 송시열과 권력을 다투

1. 어영대장
왕의 호위와 수도 방위를 맡은 군대인 어영청의 수장이다.

2. 시호
왕이 죽은 사람의 행적을 기리기 위해 내리는 이름으로 2품 이상의 신하에게 내렸다.

3. 유악
유막이라고도 하는데, 비가 새지 않도록 기름을 칠한 군용 천막을 일컫는다.

북인과 남인

동인이 둘로 나뉘어 분파된 것이 북인과 남인이다. 선조 중기에 광해군의 세자 책봉과 관련해 서인의 우두머리 정철이 유배되자, 정철에 대한 처벌 과정에서 동인은 강경파와 온건파가 대립했다. 이때 정철을 죽이자고 강경한 주장을 한 무리가 북인이고, 죄를 벌하되 죽일 것까지는 없다던 온건파가 남인이었다. 남인과 북인이란 명칭은 북인의 중심인물이었던 이발의 집이 서울 북악 아래에 있었기 때문이라고 한다.

고 있던 김우명의 딸이었기에 송시열에 대해서도 감정이 좋지 않았다.

"송시열을 다시 부르면 조정에 또 한 번 파란이 일어날 것이니, 우리 집안 사람을 세워 남인들을 견제하는 것이 어떻겠소?"

"김석주를 지칭하는 것이옵니까?"

김석주는 명성왕후의 사촌 동생이었다. 명성왕후는 그를 앞세워 조정을 좌지우지하려는 속셈이었다. 숙종은 김석주를 중용하면 외척이 설친다는 비판이 일어날 것이 걱정되었다. 게다가 김석주는 이미 이조참판이라는 요직에 있었기 때문에, 그에게 힘을 더 실어주면 외척의 권력이 비대해지는 것은 피할 수 없었다. 하지만 숙종은 명성왕후의 생떼를 이기지 못하고 결국 김석주를 도승지(지금의 비서실장)를 겸하여 어영대장[1]으로 삼았다.

명성왕후는 김석주를 불러 남인들을 쳐내야 한다고 신신당부했다. 김석주 또한 명성왕후의 뜻대로 남인을 제거하려 하였지만 그것은 쉬운 일이 아니었다. 더구나 그는 현종시대에 2차 상복 문제가 일어났을 때 남인의 편을 들었기 때문에 서인의 지지도 받지 못하고 있는 상황이었다.

김석주가 명성왕후에게 큰 소리만 쳐놓고 실상은 전전긍긍하고 있던 1680년 3월, 남인의 영수이자 영의정이었던 허적은 자신의 조부인 허잠에게 내려진 시호[2]를 맞이하기 위해 큰 잔치를 준비하고 있었다.

그런데 잔치가 예정된 그날 아침에 공교롭게도 비가 내리기 시작했다. 허적은 훈련대에 종을 보내어 유악[3]을 가져오도록 하였다.

그러자 훈련대에선 대수롭지 않은 문제라고 생각하고 유악을 내줬다. 그렇게 허적의 종이 유악을 가져갈 무렵, 숙종은 대전에 앉아 있다가 비가 내리는 것을 보고 생각했다.

"오늘이 허적의 집에 허잠의 시호가 가는 날이 아닌가. 그렇다면 유악이 필요할 터인데……."

숙종은 내관을 불러 허적의 집에 유악을 보내 주도록 지시했다. 하지만 유악은 이미 허적의 종이 가져간 터였다. 숙종은 이를 간과할 수 없었다.

"유악은 군사 물자인데, 누가 사사롭게 빌려줬단 말인가. 군부에서 쓰이는 물자는 내 허락 없이는 아무도 사용할 수 없는 것이거늘, 영의정이 마음대로 가져갔단 말이냐? 이는 국가의 질서와 군권에 관련된 일이니, 그냥 묵과할 수 없다. 지금 당장 어영대장 김석주를 입궐하라고 하라!"

숙종의 명을 받고 급히 김석주가 입궐하자, 숙종이 분통을 터뜨리며 말했다.

"내 명을 받지도 않고 허적이 마음대로 유악을 가져갔는데, 경은 이 일을 어떻게 생각하시오?"

김석주는 남인을 몰아낼 좋은 기회가 왔다고 판단하고 숙종에게 고했다.

"전하, 남인들이 군대의 물건을 함부로 사용한 지는 이미 오래되었사옵니다. 새삼스럽게 이번 일을 문제 삼으시는 전하의 뜻을 잘 모르겠나이다."

4. 총융사

당시 경기도 일대와 도읍 방위를 맡고 있던 중앙군대인 5군영의 하나로 총융청이란 군대 조직이 있었는데, 이곳의 수장이 바로 총융사다.

5. 수어사

수어청의 수장으로 종2품 관직이다. 수어청은 남한산성을 관리하는 임무를 띠고 있었다.

"남인들이 군권과 조정을 모두 장악하여 오만방자하더니, 이제 군왕인 나까지 업신여기는 사태에 이르렀소. 더 이상 두고 볼 수 없는 일입니다."

"전하, 이번 기회에 전하의 권위를 확실히 보이소서. 그래야만 저들이 다시는 그런 일을 벌이지 않을 것입니다."

"어영대장은 내 명을 받들어 군사를 책임진 모든 대신들을 입궐토록 하라!"

얼마 뒤, 훈련대장, 총융사[4], 수어사[5] 등의 군사 책임자들이 편전에 모두 모여들었다. 그러자 숙종이 왕좌에 앉아 엄한 눈으로 따져 물었다.

"그대들은 나의 신하인가? 아니면 영의정의 신하인가?"

군사 책임자들은 모두 질문의 뜻을 몰라 서로 얼굴만 쳐다보았다.

"영의정 허적이 내 명령도 없이 유악을 가져다 사용했다는데, 그대들은 아는가, 모르는가?"

그제야 사태의 심각성을 깨달은 군사 책임자들의 얼굴에 진땀이 흘렀다.

"그대들이 모두 허적과 함께 남인에 속했다고 하여 내 명령도 없이 마음대로 군대를 움직일 텐가?"

군사 책임자들을 호되게 질타한 숙종은 곧 어영대장을 불러 말했다.

"이 시간 이후 저들의 관직을 모두 삭탈하고 군사 책임자를 모두 바꿀 것이니, 어영대장은 속히 과인의 명령을 조정에 전하라."

결국, 숙종은 남인 일색이었던 군사 책임자들을 모두 직위에서 내쫓고 서인들에게 모든 군권을 맡겼는데, 훈련대장엔 김만기[6], 총융사엔 김철, 수어사엔 김익훈[7] 등을 임명했다. 그리고 서인 출신인 김석주는 그대로 어영대장직에 머물게 했다. 이에 따라 순식간에 군권이 남인에게서 서인에게로 넘어갔다.

김석주는 내친김에 수하들을 풀어 허적의 주변을 철저히 감시할 것을 명령했다.

"너희들은 허적의 주변은 물론이고, 그 자식 놈들까지 철저히 감시해야 할 것이다."

그렇게 며칠이 흐른 뒤, 그의 수하들이 뜻밖의 수확을 가지고 돌아왔다.

"허적의 아들 허견[8]이 오래 전부터 복선군, 복평군, 복창군 형제와 어울려 다니고 있다고 하옵니다."

흔히 삼복이라고 불리는 복선군, 복평군, 복창군 형제는 인조의 셋째 아들인 인평대군의 아들들이었다. 그들은 왕의 종친으로 극진하게 대우받자, 오만방자한 언행을 일삼고 있었다. 김석주는 그들이 오래 전부터 남인들과 어울려 다니는 것을 보고 기회가 오면 남인들과 함께 엮어 몰락시키겠다는 계획을 가지고 있었다.

"허적이 도체찰사부[9]의 군대를 훈련시키고 있다는 소문이 돌고 있사옵니다."

도체찰사부는 전시의 사령부로 이 부서를 지휘하고 있는 인

6. 김만기 (1633~1687)
김장생의 후손이며, 송시열의 제자다.

7. 김익훈 (1619~1689)
김장생의 손자이며, 김만기의 숙부다.

8. 허견 (?~1680)
숙종시대에 남인 정권을 이끌었던 허적의 서자다.

9. 도체찰사부
왕의 명령을 받아서 할당된 지역의 군인과 백성의 동향을 살피는 곳이다.

물은 바로 영의정 허적이었다. 말하자면 영의정이 도체찰사를 겸하게 되어 있었던 것이다.

"그래, 바로 이거야. 이 문제를 걸고 역모로 몰면 놈들은 꼼짝없이 덫에 걸리는 게야."

그 길로 김석주는 대비인 명성왕후를 찾아가 허견의 일을 보고했다. 숙종이 허적에 대해 감정이 몹시 좋지 않으니 증거도 필요 없이 그들을 잡아들일 수 있다는 것이 김석주의 판단이었다. 명성왕후는 숙종이 마음을 못 정하면 자신이 나서서 설득하기로 했다.

김석주는 곧 숙종을 만나 허적과 허견, 그리고 복선군 형제들의 일을 고했다.

"전하, 복선군 형제들은 오래 전부터 역심을 품고 있었던 것이 분명하옵니다. 또한 허적의 아들 허견도 그들과 어울려 역모를 꾸미고 있으니, 그들을 모두 잡아들이소서."

"증인과 증거는 있소?"

"소신에게 이 일을 맡겨 주시면 목숨을 걸고 역모의 전말을 밝혀내겠나이다."

"과인이 그대를 믿어도 되겠소?"

"맡겨주시옵소서."

숙종은 내심 왕권을 무력화시킬지도 모르는 남인을 이 기회에 숙청할 생각이었다. 숙종은 곧 김석주의 요청대로 복선군, 복평군, 복창군 등 삼형제를 잡아들이고, 허적의 아들 허견도 잡아들였다.

의금부에 잡혀온 이들은 심한 고문과 매질을 당했고, 결국 그 고통을 이겨내지 못하고 역모를 꾸몄다고 시인하였다.

그러자 김만기, 김익훈 등의 서인들이 벌떼처럼 일어나 남인의 영수 허적을 공격하기 시작했다.

"전하, 허견은 허적의 서자인데, 그가 함부로 군대를 훈련시킨 것은 모두 허적의 지시에 의한 것이옵니다. 허적을 역적으로 다스리소서."

"전하, 허적과 함께 역모를 꾸민 유혁연[10], 이원정[11], 오정위[12] 등도 모두 대역 죄인으로 다스려야 할 것이옵니다."

결국, 숙종은 그들의 주장을 받아들여 중대한 결정을 내렸다.

"허견과 복창, 복선, 복평 삼형제를 모두 대역 죄인으로 다스려 참수하라! 또한 허견의 역모에 관련된 허적과 그 일당들인 윤휴[13], 유현연, 이원정, 오정위 등 남인의 무리들을 모두 처단하라!"

이렇게 한번에 남인의 핵심 세력들은 형장의 이슬로 사라졌고, 자연스럽게 조정은 서인들이 모두 장악했다. 이 사건을 1680년 경신년에 일어난 일이라 하여 '경신환국'이라 한다.

여기서 '환국'이란 정치의 국면을 전환시켰다는 뜻인데, 숙

10. 유혁연 (1616~1680)
무인 집안 출신으로 1644년에 무과에 급제하여 효종시대에는 황해도 병마사, 삼도수군통제사, 어영청 대장 등을 지냈다.

11. 이원정 (1622~1680)
1652년에 과거에 합격하여 벼슬을 얻었으며, 현종시대에는 동래부사, 도승지 등을 지냈다.

12. 오정위 (1616~1692)
1645년에 과거에 합격하였고, 부교리 수찬 등을 거쳐 현종시대에 호조, 형조, 공조판서를 지냈다.

13. 윤휴 (1617~1680)
숙종시대의 뛰어난 학자로 당대 송시열과 견줄 만한 인물이었다. 원래 소북파 출신이었으나 소북 세력이 몰락하자 당색에 구애받지 않고 지냈으며, 현종시대에 일어난 예송논쟁에선 남인의 입장을 지지했다.

종은 재위 기간 동안 여러 차례에 걸쳐 '환국'을 단행하였다. 그 때문에 숙종의 정치를 '환국정치'라고 부르기도 한다.

이 경신환국은 '허견의 역모 사건'이라고 하기도 하며, 복선군, 복평군, 복창군 등을 가리켜 '삼복의 변'이라고도 한다.

숙종은 경신환국으로 서인들에게 권력을 넘겨줬지만, 서인들을 완전히 믿는 것은 아니었다.

"서인이든, 남인이든 절대로 완전히 믿어서는 안 된다. 신하들이란 왕이 약해 보이면 언제든지 왕권을 장악하려고 하는 존재들이니까."

기사환국과 장희빈의 왕비 책봉

경신환국으로 남인의 핵심 세력을 제거한 서인들은 그때부터 남인에 대한 대대적인 탄압에 나섰다. 특히 서인에서 서열이 높은 늙은 신하들은 남인들을 완전히 제거해야 한다고 주장했다. 그 대표적인 인물이 김익훈이었다.

"전하, 저들 남인들은 국법을 무너뜨리고 병권을 장악하여 역모를 도모한 무리입니다. 저들을 모두 조정에서 쫓아내소서."

하지만 서인 중에도 김익훈의 주장에 반대하는 무리들이 있었다. 그 대표적인 인물이 젊은 학자 한태동[14]이었다.

"전하, 김익훈의 말은 사실이 아니옵니다. 신은 서인이지만 남인들을 모두 조정에서 내쫓는 것은 반대하옵니다."

"오, 그런가?"

"소신의 생각으론 남인을 모두 내치려는 김익훈은 지난날 조정의 권력을 독식하려 했던 무리들과 같은 생각을 하고 있는 것으로 판단되옵니다."

이 말을 듣고 김익훈은 발끈할 수밖에 없었다.

"뭣이라고? 감히 자네가 내게 그런 말을 할 수 있단 말인가?"

"어허, 여긴 편전이오. 어디서 함부로 언성을 높이는 게요? 한태동은 하던 말을 계속 하라."

"전하, 그런 까닭에 남인을 모두 내쫓아야 한다고 주장하는 김익훈을 내치소서. 저런 신하를 조정에 그대로 두면 앞으로도 계속해서 권력을 혼자 차지하려는 무리들이 생길 것이옵니다."

"한태동, 이놈! 그만 하지 못할까!"

"김익훈은 조용히 하라!"

"전하, 한태동은 제 자식 놈 또래밖에 안 되는 자이온데, 저런 젖비린내 나는 자가 윗사람을 몰라보고 함부로 입을 놀리는 것을 어떻게 보고만 있을 수 있단 말입니까?"

"말씀을 삼가시지요. 연세가 드셨으면 나이 값을 해야 하지 않겠습니까?"

"뭐라? 네놈이 정녕 제 정신이 아닌 게로구나!"

이렇듯 김익훈과 한태동이 서로 상소문을 읽어가며 한바탕 싸움을 벌이고 있다는 소식을 듣고 송시열은 서인의 늙은 신하

> **14. 한태동** (1646~1687)
>
> 1669년에 과거에 급제하여 벼슬을 얻었고, 숙종 초인 1680년에 사헌부 지평이 되었다. 1682년 교리 벼슬에 있을 때, 서인의 강경파였던 김익훈, 김석주 등이 남인을 모두 제거하려고 역모설을 꾸미자, 같은 서인으로서 소장파들을 이끌고 그들의 흉계를 폭로했다. 이 일을 계기로 서인은 김익훈 등을 옹호하는 노장 세력과 한태동을 지지하는 소장 세력으로 나뉘어 노론과 소론으로 분당하였다.

15. 김만중 (1637~1692)
김장생의 증손이고, 광성부원군 김만기의 아우로 서인의 핵심 인물이었다.

16. 김수항 (1629~1689)
김상헌의 손자이며 서인의 핵심 인물이었다.

17. 김수홍 (1601~1681)
우의정을 지낸 김상용(김상헌의 형)의 손자이며, 김수항과는 6촌간이다. 명, 청의 교체기에 연호 사용에 있어서도 송시열이 명나라 연호를 사용해야 한다고 주장한 반면, 그는 청나라 연호를 사용해야 한다고 주장했다.

18. 남구만 (1629~1711)
개국공신 남재의 후손이며, 송준길 문하에서 수학했다. 그는 소론의 영수로 장희빈을 지지했는데, 1701년에 장희빈이 궁지에 몰려 중형을 당하게 되었을 때 세자를 생각하여 가벼운 형벌을 내려야 한다고 주장했다. 그러나 숙종이 장희빈에게 사약을 내리자 벼슬을 버리고 낙향했다.

19. 박세채 (1631~1695)
김상헌과 김집의 문하에서 공부하였으며, 송시열과 송준길이 이끌던 서인에서 이론적으로 매우 뛰어난 언변가였다.

들을 모아놓고 말했다.

"이번 일은 그냥 넘어갈 수 없는 일이오. 내 당장 상소문을 올려 한태동을 벌하라 할 것이오."

송시열은 곧 김익훈을 지지하는 상소를 올리고 한태동을 벌할 것을 주청했다. 하지만 상소문을 받아든 숙종은 은근슬쩍 한태동의 편을 들어주었다.

"이번 일로 서인이 둘로 갈라서게 될지도 모른다. 그렇게 된다면 서인끼리 서로 싸워 상처를 내게 될 것이고, 그것은 곧 왕권을 강화시키는 결과가 될 것이다."

사실 숙종은 강력한 힘을 행사하던 서인이 둘로 갈라지길 바랐다. 그래야만 왕권에 함부로 도전하지 않을 것이라고 생각했기 때문이다.

숙종의 예상대로 서인은 노론과 소론으로 갈라지고 말았다. 김익훈을 지지하던 송시열, 김만기, 김만중[15], 김석주, 김수항[16], 김수홍[17] 등의 늙은 노장파 신하들이 한 편을 이루었고, 한태동을 지지하던 남구만[18], 박세채[19], 박태보[20], 오도일, 윤증[21] 등의 젊은 신하들이 또 다른 한 편을 이루었던 것이다. 이렇게 갈라진 서인들 중 송시열 등의 늙은 신하들이 형성한 파를 노론이라 하였고, 윤증 등 젊은 신하들이 형성한 파를 소론이라 하였다.

노론과 소론으로 갈라진 이들 두 파벌은 이후 서로 세력 다툼을 벌였는데, 아무래도 높은 관직을 차지하고 있던 노론의 힘이 소론보다 훨씬 셌다. 그런 까닭에 노론과 소론이 분리된 뒤에 조정을 이끌었던 세력은 노론일 수밖에 없었다.

그렇게 서인이 노론과 소론으로 나누어져 다투고 있을 때, 권좌에서 밀려난 민암[22], 민종도, 이의징[23] 등의 남인들은 은밀히 재기할 기회를 엿보고 있었다. 때는 바로 1689년이었다. 그들은 소의 장씨의 아들을 세자로 삼는 것을 적극 밀어 주어 숙종의 신임을 얻기로 하였다.

소의 장씨란 바로 우리가 흔히 장희빈이라고 부르는 숙종의 후궁이었다. 그녀는 원래 역관의 딸로 이름은 옥정이었는데, 아버지가 일찍 죽자 궁녀가 되어 대궐에 들어왔다. 그리고 28세였던 1686년에 숙종의 총애를 받아 후궁이 되었고, 1688년엔 임신을 하여 소의(정2품)로 승격되었다.

당시 숙종에겐 아들이 없었기 때문에 숙종은 그녀가 아들을 낳기만 학수고대했다. 숙종이 그렇게 아들을 기다릴 수밖에 없었던 것은 그때까지 왕위를 이을 왕자는 물론이고, 딸도 한 명 없었기 때문이었다.

숙종의 첫 번째 왕비는 인경왕후 김씨였는데, 2명의 딸을 낳았지만, 모두 낳자마자 죽어 버렸다. 설상가상으로 그녀 역시 1680년에 천연두에 걸려 20세의 젊은 나이로 요절하고 말았다.

인경왕후가 죽은 뒤, 숙종은 두 번째 왕비를 받아들였는데, 그녀가 바로 인현왕후 민씨다. 인현왕후는 1681년에 15세의 나이로 당시 21세였던 숙종과 혼인했다. 그런데 그녀는 혼인을 한 지 7년이 지나도 아이를 임신하지 못했다. 그러던 차에 숙종은 궁녀 장옥정을 만나 사랑에 빠졌고, 급기야 장옥정이 아이

20. 박태보 (1654~1689)
실학자 박세당의 아들이며, 박세채와 같은 집안이다.

21. 윤증 (1629~1711)
윤선거의 아들이며, 송시열 문하에서 공부했다. 하지만 후에 송시열과 감정적인 논쟁을 벌였고, 이는 선비사회의 큰 쟁점이 되었다.

22. 민암 (1636~1694)
1668년에 과거에 급제하여 벼슬을 얻었으며, 남인이다.

23. 이의징 (?~1695)
판서를 지낸 이응시의 아들이다. 아버지의 후광으로 천거되어 진안현감이 되었다. 그는 성격이 곧고 무인 기질이 강했다.

를 임신하였던 것이다.

그리고 1688년 10월 28일, 장옥정이 아이를 낳았는데, 그렇게 애타게 기다리던 아들이었다. 숙종은 그로부터 5일 뒤에 전격적으로 장옥정의 아들을 원자로 삼는다고 공포했다.

원자란 왕의 맏아들이란 뜻으로, 원래 왕의 적자, 즉 왕비에게서 태어난 맏아들에게만 붙여주는 호칭이었다. 그런데 장옥정의 아들은 적자가 아닌 후궁의 몸에서 태어난 서자였다. 그 때문에 서인의 우두머리 송시열은 장옥정의 아들을 원자로 삼아서는 안 된다고 주장했다.

"아직 중전께서 젊은데, 어찌하여 후궁의 몸에서 태어난 왕자를 원자로 삼으려 하시옵니까? 시일을 더 기다려 중전께서 아이를 잉태하지 못하면, 그때 소의 장씨의 아들을 원자로 삼아도 늦지 않을 것이옵니다."

"그대는 지금 내가 내 아들을 원자로 삼아서는 안 된다고 하였는가? 원자와 세자를 정하는 일은 왕의 고유 권한이거늘, 어찌하여 신하가 이 일을 트집잡는가?"

"엄연히 왕비 전하가 계시옵고, 아직 연세가 젊으신데, 어찌하여 그렇게 서둘러 원자를 정하시옵니까? 이는 옳지 않은 처사입니다."

그러자 재기의 기회를 노리고 있던 민암, 민종도, 이의징 등의 남인들은 숙종의 편을 들었다.

"전하의 말씀이 백 번 옳습니다. 예로부터 왕위 계승권에 관한 결정권은 모두 군왕이 갖는 것입니다. 그러니 전하께서 원자로 삼으려 하시면 그것으로 원자가 되는 것입니다."

"그러하옵니다. 지금 송시열이 원자 삼는 문제를 놓고 왈가왈부하는 것은 왕권을 능멸하는 것입니다. 그러니 그에게 죄를 물어야 할 것입니다."

"지금 당장 송시열을 삭탈관직하고, 먼 곳으로 유배하라! 그리고 원자의 생모인 후궁 장씨는 정1품 빈으로 승격시키고 희빈의 칭호를 내린다."

이리하여 송시열은 유배되고, 장옥정은 희빈의 칭호를 받았다. 이때부터 장희빈[24]이라 불리게 된 것이다.

하지만 송시열은 유배지에서도 자신의 뜻을 굽히지 않았다. 또한 서인들도 그와 함께 장희빈의 아들을 원자로 삼은 것을 철회해달라는 상소를 올렸다. 이 상소에 가담한 서인의 숫자는 노론과 소론을 합쳐 무려 86명이나 되었다.

숙종은 서인들이 완강히 반대하는 것을 보고 이들이 후일에 화근이 될 것으로 판단하였다. 그래서 송시열에게 사약을 내리고 상소에 이름을 올린 자들을 모두 유배 조치하였다. 그런 다음 서인 출신의 영의정 김수홍을 파직시키고, 민종도, 민암 등 남인계 사람들을 대거 등용했다.

숙종의 조치는 거기서 그치지 않았다.

"왕비 민씨를 폐위하라!"

숙종은 서인인 민유중[25]의 딸 인현왕

24. 장희빈 (1659~1701)
일개 궁녀의 신분으로 조선 역사상 유일하게 왕비에 올랐다. 1659년에 태어났으며, 본관은 인동이고, 이름은 옥정이다.

> **25. 민유중** (1630~1687)
> 인현왕후의 아버지다. 1651년 증광문과에 급제하여 예문관 검열이 되었다. 그 후 성균관 대사성, 형조판서, 호조판서 등을 지냈다. 딸이 왕비가 된 후에 한때 병권과 재정권을 쥐었지만, 외척이 정권을 좌지우지한다는 비판을 받고 스스로 물러나 정계에 나오지 않았다.

후가 서인들과 연합하여 장희빈의 아들을 원자로 삼지 못하도록 했다고 판단하고 그녀를 폐위하여 궁궐에서 내쫓았다.

그런 다음 숙종은 희빈 장씨를 왕비로 삼고, 장비의 칭호를 내렸다. 마침내 궁녀 출신의 장옥정이 중전의 자리에 오른 것이다. 궁녀 출신이 왕비가 된 것은 조선 역사상 처음 일어난 엄청난 사건이었다.

그뿐만이 아니었다. 장희빈의 아들 윤(훗날의 경종)은 원자가 된 지 두 달 만에 다시 세자에 책봉되었다.

이렇듯 왕자 윤의 원자 책봉 과정에서 서인들이 몰락하고 남인들이 대거 등용된 사건을 기사년(1689년)에 일어난 환국이라 하여 '기사환국'이라 부른다.

갑술환국과 사약 받는 장희빈

기사환국 이후 약 5년 동안 남인의 세상이 계속되었다. 그리고 세월은 흘러 어느덧 1694년이 되었다.

이미 권력을 움켜쥔 남인들은 서인들이 언제 다시 일어설 지 몰라 서인의 잔당을 몰아낼 계획에 골몰하고 있었다.

이 무렵, 숙종은 은근히 남인들의 권력 독점을 염려하고 있었다. 남인은 왕비가 된 장옥정과도 밀접한 연합 세력을 형성하고 있었다. 그 때문에 왕비 장씨의 오빠 장희재[26]가 남인의 핵심으로 부상하고 있었다. 숙종은 남인의 힘을 약화시키기 위해

선 왕비와 장희재의 힘을 눌러놓아야 한다고 생각했다.

당시 숙종은 왕비 장옥정에 대한 애정이 거의 식은 상태였다. 그런 차에 숙종 앞에 새로운 여인이 등장했다. 그녀는 다름 아닌 무수리 출신 후궁 최씨(영조의 어머니 숙빈 최씨)였다. 숙종은 물을 길어 나르는 최씨를 본 뒤에 곧 그녀를 후궁으로 삼아 몹시 총애했고, 매일같이 그녀의 방을 찾았다. 그 때문에 왕비 장씨는 매우 화가 난 상태였다. 장씨는 최씨를 불러 여러 차례 분풀이를 했고, 최씨는 숙종에게 그 사실을 일렀다.

숙종이 최씨의 일로 왕비 장옥정에 대한 감정이 좋지 않은 가운데, 서인의 노론과 소론은 그 기회를 노려 권력을 회복할 방도를 모색하고 있었다. 바로 인현왕후 복위 운동을 전개하기로 한 것이었다. 이 일에 노론에서는 김춘택, 소론에서는 한중혁이 앞장섰다.

하지만 남인들은 서인의 그런 움직임을 간파하고 이 기회에 서인들을 모두 몰아낼 계획을 세웠다. 이를 주도한 인물은 남인의 핵심 세력이었던 민암과 이의징이었다.

민암과 이의징은 곧 숙종에게 아뢰었다.

"전하, 김춘택과 한중혁이 앞장서 폐비의 복위를 꾀한다는 소문이 있사옵니다. 그러니 관련자들을 잡아 문초하게 해 주소서."

그런데 숙종은 의외의 반응을 보였다.

"그대들은 어찌하여 이미 폐비가 되어 온갖 고초를 다 겪고 있는 사람을 다시 몰아세워 죽이려 하는가. 그것이 선비의 도

26. 장희재 (?~1701)
장희빈의 오빠로 장희빈이 숙종의 총애를 받은 덕분에 벼슬을 얻었고, 금군별장을 거쳐 1692년엔 총융사가 되었다.

리라고 할 수 있는가?"

"전하, 그런 것이 아니오라, 서인들이……."

"입 닥치라!"

숙종은 그렇게 화를 낸 뒤 민암을 관직에서 내쫓고 유배시켜 버렸다. 또 민암과 함께 남인의 실력자였던 이의징과 판의금부사 유명현도 유배시켰다.

숙종은 거기서 그치지 않았다.

"지금 유배된 이의징과 민암은 죄가 무거워 그냥 둘 수 없다. 그들에게 모두 사약을 내려 죽이라!"

숙종의 남인에 대한 척결은 그렇게 시작되었다.

"이의징과 민암 등의 죄인과 함께 조정을 독점하려 했던 목내선, 김덕원, 민종도, 이현일, 장희재를 모두 관직에서 내쫓고 유배 조치하라!"

이렇게 해서 조정은 다시 서인들의 세상이 되었다. 이 사건을 1694년 갑술년에 일어난 환국이라 하여 '갑술환국'이라고 부른다.

하지만 이때 숙종은 단순히 남인들을 내쫓는 것으로 만족하지 않았다.

"이번 사건은 근본적으로 왕비 장씨와 남인들이 결탁하여 조정을 좌지우지하려는 일에서 비롯되었으므로 장씨에게도 죄를 물어 장씨를 다시 빈으로 강등시키고, 폐비 민씨를 복위토록 하라!"

장옥정은 그렇게 졸지에 된서리를 맞고 왕비에서 빈으로 밀려나 중궁에서 취선당으로 거처를 옮겨야 했다. 그리고 인현왕후는 복위되었다.

취선당으로 쫓겨간 장옥정은 분통을 터뜨렸다.

"이게 모두 무수리 그 계집 때문이야. 두고 봐라. 내 아들이 왕위에 오르면 제일 먼저 그 계집부터 쫓아낼 테니까."

장희빈이 그렇듯 최씨에 대한 미움을 더해갈 무렵, 최씨는 숙종의 아들을 낳았다. 그러자 숙종은 최씨를 빈에 책봉하여 숙빈이라 칭하게 했다.

한편, 조정을 장악한 서인들은 노론과 소론으로 갈라져 권력을 다투고 있었다. 남인 세력을 내쫓는 데 소론의 역할이 컸기 때문에 소론의 남구만과 박세채 등이 조정의 주도권을 잡은 상태였다. 노론은 그 점을 못마땅하게 여기고 있었다. 하지만 노론이 별다른 돌파구를 마련하지 못한 가운데 소론 정권이 2년 정도 지속되어 1701년이 되었다.

그 무렵, 왕비로 복위된 인현왕후는 병을 얻어 시름시름 앓고 있었다. 그러자 숙종의 사랑을 받고 있던 숙빈 최씨는 자주 인현왕후를 찾아가 문안하곤 했다. 그러나 희빈 장씨의 태도는 달랐다. 그녀는 자기 거처인 취선당에 신당을 차려놓고 무당을 불러 인현왕후를 저주하곤 했던 것이다.

"비나이다, 비나이다. 하루 빨리 이 사람을 왕비에 복위토록 해주길 비나이다."

그러자 숙빈 최씨가 그 사실을 숙종에게 일러바쳤다.

"전하, 희빈이 취선당에 신당을 차려놓고 매일같이 중전마마를 저주하고 있다고 하옵니다."

"뭐라!"

숙종은 그 길로 취선당으로 갔다. 그리고 취선당 서쪽에 만들어진 신당 안에서 장희빈이 인현왕후를 저주한 글귀를 발견했다.

"병들어 누운 사람에게 측은한 마음을 품지는 못하고 빨리 죽으라고 저주를 하다니, 이는 도저히 용서할 수 없다."

숙종은 곧 신하들을 모아놓고 장희빈이 중전을 저주한 사실을 알렸다. 그리고 장희빈을 궁중에서 내쫓겠다는 뜻을 내비쳤다. 하지만 당시 조정을 주도하고 있던 소론 세력은 장희빈과 세자 윤을 은근히 지원하고 있었다. 그 때문에 소론을 이끌고 있던 남구만이 말했다.

"전하, 희빈이 신당을 차린 것은 분명히 잘못된 것이오나, 희빈을 내쫓는다면 세자께서는 생모를 잃는 아픔을 겪을 것입니다. 세자 저하를 위해서라도 고정하소서."

그러자 노론 측의 김창집[27]이 남구만의 의견에 반대하며 말했다.

"전하, 희빈의 일은 인륜을 저버린

행위이고, 또한 국모를 모해한 일이옵니다. 그러니 마땅히 벌을 주셔야 합니다."

그렇듯 노론과 소론이 장희빈에 대한 처벌 문제를 놓고 다투고 있을 때, 병으로 누워 있던 인현왕후 민씨가 죽었다. 그 소식을 듣자 숙종은 화를 참지 못하고 소리쳤다.

"왕비가 숨을 거뒀는데, 어찌 왕비의 죽음을 빌었던 희빈을 용서할 수 있단 말인가. 지금 즉시 신당에서 굿을 한 무당을 잡아들이고, 희빈 장씨의 오빠 장희재는 물론이고 이 일에 관련된 자들을 모두 잡아들여 국문하라!"

숙종의 명에 따라 곧 무당과 장희재, 그리고 장희재의 가솔들과 궁녀들이 모두 형틀에 묶였고, 그들은 모진 고문을 당한 끝에 죽고 말았다. 숙종은 희빈 장씨를 사건의 주범으로 지목하여 사약을 내렸으니, 때는 1701년이었다. 궁녀 신분으로는 역사상 처음으로 왕비에 올랐던 장희빈, 그녀는 한때 자신을 그토록 총애했던 숙종이 내린 사약을 마시고 생을 마감했다.

장희빈의 죽음과 함께 장희빈을 보호하려고 했던 남구만, 최석정, 유상운 등의 소론측 우두머리들이 모두 유배되거나 관직에서 내쫓겼다. 이 사건으로 조정은 서인의 노론이 장악하게 되었다.

하지만 소론과 노론의 싸움은 그것으로 끝나지 않았다. 장희빈의 아들 세자 윤에 대한 견해 차이로 두 세력은 치열한 정권 다툼을 계속하였다. 노론 측은 장희빈이 죄인인데, 죄인의 아들이 왕위를 잇는 것은 옳지 못하다고 주장하였고, 소론 측은

27. 김창집 (1648~1722)
병자호란 때 끝까지 청나라와 싸우자는 주전론을 폈던 김상헌의 증손자이고, 서인의 핵심 인물이었던 김수항의 아들이다.

제19대 숙종 가계도

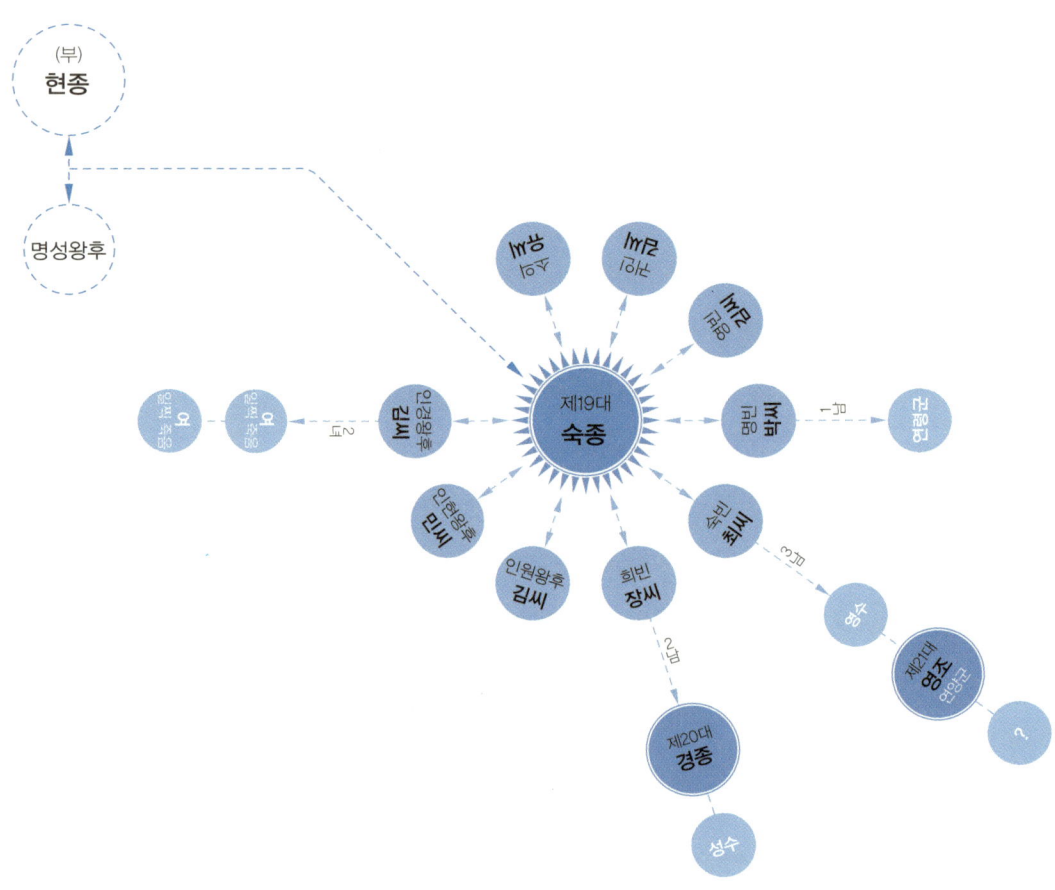

세자 윤이 당연히 왕위를 이어야 한다고 주장했다.
 노론과 소론의 이와 같은 당쟁은 수많은 신하들을 죽음으로 내몰았고, 그런 가운데 숙종은 20년 가까이 더 왕위에 있다가 1720년에 60세를 일기로 생을 마감했다.

숙종의 생애

숙종은 현종의 장남이며, 명성왕후 김씨 소생이다. 1661년 8월 15일에 경덕궁 회상전에서 태어났으며, 이름은 순, 자는 명보다.

1667년에 7세의 나이로 세자에 책봉되었으며, 1674년에 14세의 어린 나이로 즉위하여 곧바로 친정을 시작하였다.

숙종시대는 붕당정치가 절정에 이른 때였다. 특히 현종 때부터 지속되어온 예송논쟁은 숙종의 처신을 매우 곤란하게 하였다. 과감한 성격의 소유자였던 숙종은 논쟁이 가열되자, 서인의 영수 송시열을 유배시키는 극단적인 조치를 취하며 남인 중심으로 조정을 이끌어갔다. 하지만 남인의 영수 허적의 힘이 극대화되자, 숙종은 다시 남인 세력을 대거 축출하고 서인을 중용하였다. 이후에 후궁 장옥정이 왕자 윤을 낳자, 숙종은 윤을 세자로 세웠는데, 서인들이 있는 힘을 다하여 반대하고 나왔다. 그러자 숙종은 서인들을 숙청하고 급기야 송시열도 죽여 버렸다. 또한 이 사건과 관련하여 정비였던 인현왕후 민씨가 폐위되고, 장옥정이 중전의 자리에 오르기까지 하였다. 하지만 장옥정과 숙종의 관계가 악화되면서 인현왕후 민씨가 복위되고, 장옥정은 희빈으로 강등되는 상황이 벌어졌고, 결국 희빈 장씨는 죽음을 맞이하게 되었다.

이렇듯 숙종의 46년 치세는 살얼음판 정치였다. 그러나 숙종은 스스로 왕권을 확립하고 아내와 외척까지도 철저하게 정치적으로 이용하는 냉철한 면모를 보였다. 조정이 끊임없는 정쟁에 시달리는 와중에도 국력과 경제가 안정될 수 있었던 것은 그의 뛰어난 정치 수완 때문이었다.

숙종은 45년 10개월 동안 재위하다가 1720년 6월 8일에 60세를 일기로 생을 마감했다.

청나라에서 현의의 시호를 내렸고, 조선 조정에서 숙종의 묘호를 올렸다. 여기에 여러 시호가 추가되어 정식 묘호는 '숙종현의광륜예성영렬장문헌무경명원효대왕(肅宗顯義光倫睿聖英烈章文憲武敬明元孝大王)'이다.

능은 경기도 고양시 용두동 서오릉 안에 있으며, 능호는 명릉이다.

그는 3명의 정비와 6명의 후궁을 두었고, 그들에게서 적자, 적녀 2남 2녀와 서자 4남을 얻었다.

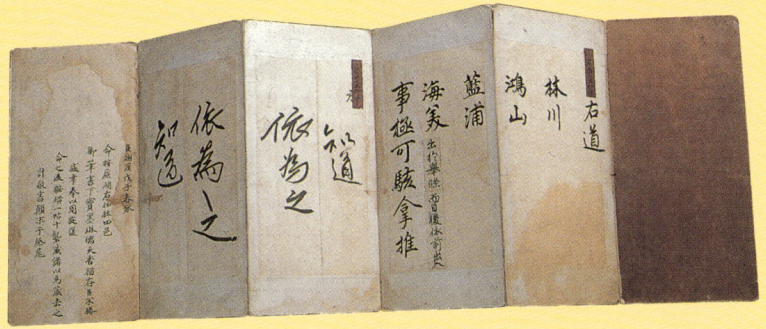

숙종의 편지
숙종이 아들 경종에게 쓴 편지이다.
예술의전당 소장

인경왕후 김씨 (1661~1680)

인경왕후는 왕비 노릇도 제대로 해보지 못하고 일찍 죽은 불행한 왕비다.

광주 김씨 만기의 딸인 그녀는 1661년 9월 3일 회현방 사저에서 태어났으며, 1670년 10세 때 세자빈으로 간택되었고, 이듬해 3월에 왕세자빈으로 책봉되었다.

1674년 현종이 죽고 숙종이 즉위하자 왕비가 되었으나, 국상 중인 데다 나이가 어린 탓에 1676년에 정식으로 왕비에 책봉되었다.

하지만 그녀의 왕비 생활은 몇 년 가지 못했다. 20세 때인 1680년에 천연두 증세를 보이며 심한 열병에 시달렸고, 발병 8일 만인 10월 26일에 20세를 일기로 경덕궁 회상전에서 세상을 떴다.

그녀가 천연두에 걸렸다고 판단한 대신들은 숙종을 창덕궁으로 옮기게 했다. 때문에 숙종은 그녀의 임종을 지키지 못했다.

소생으로는 2명의 공주가 있었으나 모두 일찍 죽었다.

능은 익릉으로 경기도 고양시에 있다.

인현왕후 민씨 (1667~1701)

　인현왕후는 아이를 낳지 못해 불행한 삶을 살다간 왕비다. 더구나 그녀가 왕비로 있을 당시에는 당쟁이 몹시 심해, 숙종이 여러 차례에 걸쳐 국면을 전환하며 환국정치를 구사하던 때였다. 서인 출신이었던 그녀는 서인들의 운명에 따라 폐위와 복위를 반복하는 불운한 삶을 살아야 했던 것이다.

　여흥 민씨 유중의 딸인 그녀는 1667년 4월 23일 반송동 사저에서 태어났으며, 1681년에 15세의 나이로 가례를 올리고 숙종의 계비가 되었다.

　그녀는 혼례를 올린 뒤 7년이나 지난 뒤에도 아이를 낳지 못했는데, 그 무렵인 1688년에 소의 장씨가 왕자를 낳는 바람에 입지가 크게 좁아졌다.

　소의 장씨의 아들은 곧 원자가 되었고, 소의 장씨도 빈으로 격상되어 정비인 그녀의 힘을 능가하는 위치가 되었다. 이후 원자 윤은 세 살의 어린 나이로 세자에 책봉되었고, 서인들은 이에 강하게 반발했다. 특히 노론의 영수 송시열 등은 강력한 반대 상소를 올렸는데, 숙종은 이 상소에 분노하여 송시열을 죽여 버렸다.

기사환국으로 불리는 이 사건으로 서인 출신인 인현왕후도 폐위되었다. 숙종은 서인의 숙청을 기회로 삼아 인현왕후까지 내쫓고 남인의 지지를 받고 있던 장희빈을 왕비로 삼아버렸던 것이다. 이는 모두 세자를 보호하기 위한 숙종의 자구책에 따른 것이었다.

그 뒤, 숙종은 무수리 최씨를 만나 아들을 얻었고, 그것은 왕비 장씨에 대한 무관심으로 이어졌다. 이때를 노려 서인의 소론들이 인현왕후 복위운동을 전개했다. 그러자 장희빈 편인 남인 측에서는 소론들을 강력하게 탄핵했고, 그 결과 많은 소론 세력들이 하옥되었다. 그러나 숙종은 오히려 남인의 처사가 지나쳤다며 남인들을 대거 숙청하고, 인현왕후를 복위시켰다. 복위 후 그녀는 다시 빈으로 강등된 희빈 장씨와 화합을 도모하며 지내다가, 병을 얻어 1701년 8월 14일 창경궁 경춘전에서 소생 없이 35세를 일기로 세상을 떴다.

한 궁녀가 그녀를 주인공으로 쓴 소설 〈인현왕후전〉이 전해지고 있다.

능은 경기도 고양시 용두동에 있으며 능호는 명릉이다. 후에 숙종도 이곳에 함께 묻혔다.

인원왕후 김씨 (1687~1757)

　인원왕후는 경주 김씨 주신의 딸이다. 1687년 9월 29일 순화방 사저의 양성재에서 태어났다. 1701년 인현왕후 민씨가 죽자 간택을 받아 1702년에 16세의 나이로 왕비로 책봉되었다.
　때늦은 25세 때에 그녀도 인경왕후처럼 천연두를 앓아 다시 궁궐을 긴장시켰는데, 다행히 죽음을 면했다.
　1720년 숙종이 죽은 뒤 왕대비에 올랐고, 1724년 경종이 죽은 뒤 다시 대왕대비에 올랐다.
　1757년 3월 26일에 영모당에서 71세를 일기로 생을 마감했으며, 소생은 없었다.
　능은 명릉으로 인현왕후, 숙종과 함께 경기도 고양시 용두동에 묻혔다.

제 20대 경종실록

허약한 왕 경종

비운의 왕 경종의 등극과 신임사화

1720년 6월, 말도 많고 탈도 많았던 세자 윤이 드디어 왕위에 오르니 바로 제20대 왕 경종이다. 희빈 장씨의 아들인 그의 등극은 곧 희빈 장씨를 죽음으로 몰고 간 노론들에겐 크나큰 위협이 아닐 수 없었다.

하지만 경종은 몹시 허약했다. 14세의 어린 나이에 어머니 희빈 장씨가 아버지 숙종이 내린 사약을 먹고 죽는 바람에 크나큰 충격을 받고 계속해서 시름시름 앓아왔던 것이다.

숙종은 그런 세자의 허약함을 염려하여 노론의 영수였던 좌의정 이이명[1]을 불러 연잉군(훗날의 영조)을 세자의 후사로 삼아 줄 것을 당부했다. 나아가 연잉군이 세자를 대신해서 편전에서 정치를 배우도록 하라고 했다.

경종시대의 세계 약사

동아시아 정세를 보면 일본은 1720년에 종교 서적 외 서양 책의 수입을 허가했으며, 청나라는 1722년 성조가 죽고 세종이 즉위하여 기독교를 엄금했다.
한편 유럽에서는 1721년 프랑스와 스페인이 혼인동맹을 체결했고, 같은 해 영국에서는 월폴 내각이 성립되었다. 또 영국, 프랑스, 스페인간에 방수동맹이 체결되었다. 한편 러시아의 표트르 대제는 1722년 페르시아를 침공하여 흑해 진출을 기도하고 있었다.

그러나 이 일은 소론 측의 강한 반발에 부딪쳤다. 결국 노론 측은 연잉군을 세자로 만드는 데 실패했고, 경종은 소론의 도움으로 왕위에 오를 수 있었다. 따라서 경종의 즉위는 곧 소론의 세상이 될 것임을 예고하는 일이었다.

그러나 경종 즉위 초년엔 노론이 조정을 장악하고 있었다. 그들은 권력을 지키기 위해 연잉군을 세제[2]로 세우려 하였다. 그들은 경종을 찾아가 연잉군을 세제로 세울 것을 주청했다. 그 소식을 들은 소론 신하들은 이를 강력히 반대하고 연잉군을 세제로 세우려는 자들을 죄인으로 다스려야 한다고 했다.

그러나 소론 대신들의 강력한 주청에도 불구하고 경종은 연잉군을 세제로 세웠다.

"짐은 몸이 약하여 오래 살지 못할 듯하다. 또한 아들을 얻지 못했으니 연잉군을 세제로 세워 왕실의 앞날을 도모하고자 한다."

그렇게 해서 연잉군이 세제로 책봉되자, 다시 노론 측은 새로운 주장을 하고 나섰다.

"전하께서는 병상에 누워 꼼짝을 하지 못하시니, 정사를 주관할 처지가 아니외다. 그러니 세제로 하여금 정치를 대신 하도록 하는 것이 옳을 것입니다."

한마디로 경종은 정치에서 손을 떼라는 말이었다. 그러자 소론 측에서 강력하게 반발했다.

1. 이이명 (1658~1722)
세종의 아들 밀성군의 6대 손이다. 1680년에 과거에 급제하여 벼슬을 얻었고, 송시열 등과 친밀하여 서인 노론의 핵심 인물이 되었다.

2. 세제
왕의 동생으로 왕위를 이을 계승권자가 된 사람을 일컫는다.

연잉군 초상
연잉군은 훗날의 영조이다.
고궁박물관 소장

이 문제로 노론과 소론은 조정에서 무섭게 격돌하였다.

그런 가운데, 병상에 누운 경종은 세제를 불러 대리청정을 부탁했다.

"내가 지금 와병중이어서 제대로 나라를 다스릴 수 없으니, 아우가 나를 대신하여 편전에 나가 정사를 주관토록 하라."

그 소식을 듣고 소론 측 대신들이 경종에게 몰려와 고했다.

"전하, 세제로 하여금 대리청정을 하게 하심은 왕위를 넘겨 주는 것과 같사옵니다. 그리 되면 세제가 왕권을 행사할 것이옵니다."

"그러하옵니다. 노론과 세제는 한통속으로, 그들이 무슨 짓을 할지 모르니 세제의 대리청정 명령을 거두소서."

그 말을 듣고 경종도 마음이 변해 다시 말했다.

"경들의 말을 듣고 보니, 그럴 수도 있겠소. 지금 즉시 세제의 대리청정을 중지토록 하시오."

경종이 이처럼 오락가락 하는 바람에 소론과 노론 간의 당쟁은 더욱 극심해졌다.

경종으로부터 세제의 대리청정 중지 명령을 얻어낸 덕분에 소론은 기세가 되살아나 노론을 공격하기 시작했다.

소론 중에 과격파였던 사직 김일경[3]을 우두머리로 7명의 소론 신하들이 이렇게 고했다.

"전하, 이번에 세제로 하여금 대리청정을 하도록 주청한 신하들을 모두 대역죄로 다스려야 하옵니다."

그러자 경종은 그들의 의견을 받아들여 노론 4대신인 영의정 김창집, 좌의정 이건명[4], 영중추부사 이이명, 판중추부사 조태채[5] 등을 모두 유배시켰다.

그 외에도 많은 노론 대신들은 관직에서 내쫓기거나 유배되었다. 그 결과 조정은 소론이 장악하게 되었고, 영의정, 좌의정, 우의정 등 3정승을 모두 소론이 차지했다.

그런 상황에서 1722년 3월에 남인 출신인 목호룡[6]이란 자가 이런 고발을 해왔다.

"전하, 과거에 전하께서 세자로 있을 때 노론 측에서 전하를 시해하려는 음모를 꾸민 일이 있사오니, 그 범인들을 색출하여 벌하소서."

목호룡의 말인즉 숙종 말기에 세자였던 경종을 해치려던 음모가 있었다는 것이었다. 목호룡은 당시 범인들을 열거하였는데, 그들은 김창집 등 유배된 노론 4대신의 아들이거나 조카들이었다.

이 일로 노론 집안 사람들이 대거 잡혀가 국문을 당하고 죽었는데, 이때 사형된 사람이 20여 명, 맞아 죽은 사람이 30여 명, 스스로 목숨을 끊은 부녀자가 9명, 교수형에 처해진 자가 13명, 유배된 자가 114명이나 되었다.

이 대대적인 옥사는 신축년과 임인년에 일어났다고 해서 흔히 '신임사화'라고 부른다.

---

3. 김일경 (1662~1724)
서인의 소론 집안 출신이며, 1702년에 과거에 급제하여 벼슬을 얻었다. 영조가 즉위하자 노론 대신들을 죽게 한 죄로 유배되었다.

4. 이건명 (1663~1722)
이이명의 사촌동생이다. 숙종으로부터 연잉군을 보호해달라는 부탁을 받았다.

5. 조태채 (1660~1722)
노론의 핵심 인물로 세제의 대리청정을 주장하다가 유배지에서 사약을 받고 죽었다.

6. 목호룡 (1684~1724)
남인으로, 참판을 지낸 목진공의 후손이며 서얼이다.

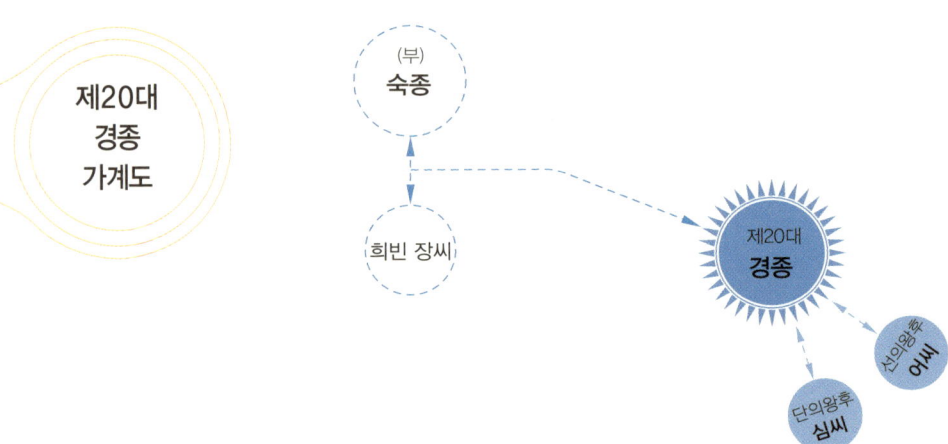

신임사화 후 권력을 독점한 소론 세력은 경종의 왕권을 위협한다는 이유로 연잉군마저 죽이려 했다.

소론들이 자신을 죽이려 한다는 소문을 듣고 연잉군은 당시 왕대비였던 인원왕후(숙종의 세 번째 왕비) 김씨를 찾아가 자신의 결백을 호소했다.

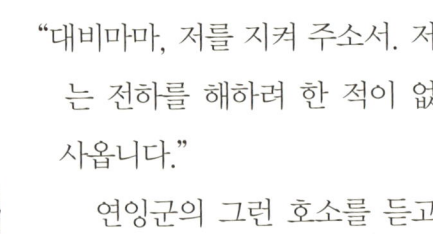

"대비마마, 저를 지켜 주소서. 저는 전하를 해하려 한 적이 없사옵니다."

연잉군의 그런 호소를 듣고 인원왕후는 언문으로 교서를 내려 연잉군을 위협하지 말 것을 조정에 요구했다.

"연잉군은 왕위를 이을 유일한 왕족이니, 조정 대신들은 연잉군에 대해 함부로 말하지 말라."

인원왕후의 그런 교서 때문에 소론 측은 더 이상 연잉군을 공격하지 못했다.

그런 가운데 병상에 누워 있던 경종이 1724년 8월에 재위 4년 2개월 만에 37세를 일기로 생을 마감했다.

경종 이후에 노론의 지지를 받고 있던 영조가 즉위하게 되는데, 이것은 소론으로서는 매우 큰 위기였다.

경종의 생애

경종은 숙종의 맏아들이며, 희빈 장씨 소생으로 1688년 10월 28일에 태어났다. 이름은 윤, 자는 휘서다. 태어난 지 두 달 만에 원자로 인정되었으며, 3세 때인 1690년에 세자에 책봉되었다.

그가 14세 때 어머니 희빈 장씨가 사약을 받고 죽자 정신적으로 엄청난 충격을 받았고, 이후로 건강이 좋지 않았다. 1720년에 숙종이 죽자 왕위에 올랐다.

경종은 병약한 상태로 왕위에 올랐고, 자식마저 없었기 때문에 늘 왕위가 불안했다. 더구나 건강이 극도로 악화된 뒤에는 연잉군(영조)이 대리청정을 했고, 또한 왕위계승권자로 지목되었기 때문에 경종의 입지는 크게 약화되었다.

당시 경종을 지지하고 있던 세력은 소론 세력이었고, 연잉군은 노론이 지지하고 있었다. 때문에 소론과 노론은 연잉군의 세제 책봉 문제를 놓고 극심한 대립을 일삼았다.

그런 와중에 경종은 1724년 8월 25일에 창경궁 별전에서 37세를 일기로 4년 2개월이란 짧은 치세를 남기고 생을 마감했다.

청나라에서 덕문의 시호를 내리고, 조선 조정에서 경종의 묘호를 올렸다. 여기에 여러 시호가 추가되어 정식묘호는 '경종덕문익무순인선효대왕(景宗德文翼武純仁宣孝大王)'이다.

그는 2명의 정비를 두었으나 자식은 없었다.

능은 서울시 성북구 석관동에 마련되었으며, 능호는 의릉이다.

의릉

허수아비 왕으로 짧은 치세를 남기고 생을 마감한 경종의 능이다.

서울시 성북구 석관동

경종의 왕비

단의왕후 심씨 (1686~1718)

단의왕후는 청송 심씨 호의 딸로 왕비에 오르지도 못하고 죽은 인물이다.
1686년에 태어난 그녀는 1696년에 11세의 나이로 두 살 어린 세자 윤(경종)의 빈이 되었지만 경종이 즉위하기 전인 1718년에 33세의 나이로 죽었다.
소생은 없었으며, 1720년 경종이 즉위하자 왕후에 추봉되었다.
능은 혜릉으로 경기도 구리시 인창동에 있다.

선의왕후 어씨 (1705~1730)

선의왕후는 함종 어씨 유구의 딸이다. 1705년 10월 29일 숭교방의 사저에서 태어났으며, 1718년에 14세의 나이로 세자빈이 되었다. 1720년 경종이 즉위하자 왕비가 되었다. 하지만 불과 4년 뒤에 경종이 죽는 바람에 22세의 어린 나이로 대비가 되었다.
그녀는 1730년 6월 29일에 경덕궁 어조당에서 26세를 일기로 생을 마감했다.
경종이 병약한 탓에 그녀 역시 소생을 얻지 못했다.
능은 의릉이며, 경종과 같은 언덕에 쌍릉으로 마련되었다.

조선사 깊이 읽기

육조에서는 어떤 일을 했을까?

육조

육조는 실제로 정무를 맡아 처리하던 6곳의 큰 행정집행 기관을 말합니다. 지금의 행정부와 같은 곳이지요.

육조에는 당상관으로 판서, 참판, 참의가 있는데, 병조에만 '참지'라는 당상관이 하나 더 있었습니다. 당상관 밑에는 정랑과 좌랑이 있어 실질적인 사무를 담당했습니다. 정랑과 좌랑이야말로 행정부의 꽃이라고 할 수 있는 관직이었는데, 젊고 학식이 풍부하며 청렴한 인재를 앉혔기에 훗날 이들이 정승, 판서의 자리에 오르는 일이 많았습니다. 육조에서는 사라는 이름으로 각각 부서를 나누어 사무를 분담했으며, 이 밖의 모든 중앙 관청들은 육조의 속아문으로 나누어 소속시켰습니다. (아문이란 모든 관청을 지칭하는 말이며 속아문이란 어떤 부서에 속해 있는 관청을 말합니다.)

이조

이조는 문관의 선발과 임명, 공훈과 작위를 결정하는 일 등에 관한 정사를 맡은 곳입니다. 문선사, 고훈사, 고공사라는 세 부서에서 이조의 업무를 분담했습니다.

문선사에서는 벼슬의 임명장과 녹봉증서를 발급하는 일, 취재시험 등을 맡아했습니다.

고훈사에서는 신하들에게 작위와 시호를 주고, 제사를 담당하는 관리를 뽑는 일 등을 맡아했습니다.

고공사에서는 문관들의 공로와 과오, 근무 평가 등을 맡아했습니다.

호조

인구조사와 세금, 나라 살림살이 등 경제에 관계된 일을 맡아 하는 곳입니다. 호조는 판적사, 회계사, 경비사 세 곳으로 나누어져 업무를 보았습니다.

판적사에서는 호구조사, 토지, 부역, 조세에 관한 일, 흉년에 곡식을 꾸어주는 일 등을 맡아했습니다.

회계사에서는 서울과 지방 관청에 비축된 물건의 양을 관리하고, 한 해의 수입과 지출을 계산하는 일을 맡아했습니다.

경비사에서는 서울에서 치르는 국가행사에 쓰이는 경비와 왜인들에게 주는 식량의 지출 등에 관한 일을 맡아했습니다.

예조

예조에서는 예의, 음악과 제사, 외교와 큰 잔치, 학교와 과거에 대한 일들을 맡아했습니다. 예조는 계제사, 전향사, 전객사의 세 사로 나누어졌는데, 유교국가였던 조선에서는 예조가 하는 일이 어마어마하게 많고 복잡했습니다.

계제사에서는 각종 의식과 제도, 역사를 쓰는 사관, 학교와 과거, 나라의 경조사 등의 일을 맡아했습니다.

전향사에서는 각종 궁중연회와 제사, 제물, 음식물, 의약 등의 일을 맡아했습니다.

전객사에서는 외국 사신들을 대접하는 일을 맡아했습니다.

지금의 교육부, 외교부, 문화관광부, 보건복지부 등을 합해 놓은 것과 같은 행정기관이었다고 생각하면 적당할 듯 싶습니다.

병조

병조는 군사에 관한 모든 일을 맡아보는 기관으로 오늘날의 국방부와 같은 곳이라고 할 수 있습니다.

병조에서는 무관을 선발하고 군사적인 사무를 처리하며, 왕의 호위를 맡고, 말과 무기와 갑옷 등을 관리하고, 4대문과 궁궐을 경비했습니다.

병조는 크게 무선사, 승여사, 무비사의 세 사로 이루어져 있었습니다.

무선사에서는 무관과 군사를 임명하고, 무과시험에 관한 일 등을 맡아했습니다.

승여사에서는 왕의 행차 때 쓰는 각종 기구와 수레, 군사보충대나 사령 등에 관한 일을 맡아했습니다.

무비사에서는 군사와 말, 무기 등을 챙기고 순찰, 성곽방어, 외적 토벌 등에 관한 일을 맡아했습니다.

형조

　형조에서는 법률과 소송, 노비와 관련된 일들을 맡아 보았습니다. 지금의 법무부와 비슷한 역할을 했다고 보면 됩니다.
　형조는 상복사, 고율사, 장금사, 장례사 등 네 사로 이루어져 있었습니다.
　상복사는 중죄인의 2심을 맡아했으며, 고율사는 법령과 사건에 대한 조사를 했고, 장금사는 형벌과 옥사에 관한 일, 장례사는 노비의 호적과 포로에 관한 일을 맡아했습니다.
　상복사는 지금의 고등법원과 대법원이라 할 수 있고, 고율사는 검찰의 기능을 담당했으며, 장금사는 경찰에 해당한다고 볼 수 있습니다.

공조

　공조에서는 산과 하천, 장인과 공인, 토목공사, 도자기, 광물에 관한 일을 맡아했습니다. 지금의 건설부와 도로교통부, 상공부에 해당한다고 하겠습니다.
　공조는 크게 영조사, 공야사, 산택사의 3사로 구성되어 있었습니다.
　영조사에서는 궁궐이나 성곽, 관청건물, 가옥, 토목공사에 관한 일을 맡아했으며, 공야사에서는 각종 공예품의 제작과 금속, 도자기, 기와 등에 관한 일을 했습니다.
　산택사에서는 산림과 나루터, 궁궐의 정원, 배와 수레의 제조 등에 관한 일을 맡아했습니다.

제21대 영조실록

탕평책을 실시해 인재를 등용한 영조

영조시대의 세계 약사

동아시아는 서서히 유럽과의 무역을 허락했고, 인도는 영국에 의해 식민지로 전락해갔다. 한편, 유럽에서는 영국의 힘이 강성해지고 상대적으로 프랑스의 힘이 약화되었다. 그리고 많은 근대 사상가들이 나타나 자본주의 정신을 형성하기 시작했다. 이에 따라 아메리카에서는 독립에 대한 열망이 가속화되어 마침내 대륙회의가 조성되었다.

영조의 즉위와 노론의 재기

1724년 8월, 경종이 갑작스럽게 죽자 조선 역대 왕들 중에 가장 오랫동안 왕위에 머무른 영조가 즉위했다.

영조는 즉위와 동시에 자신을 곤경에 빠뜨리며 수많은 노론 대신들을 죽음으로 몰고 간 소론 측에 대해 반격을 가하려 했다. 이 일의 선봉에 나선 인물은 노론의 이의연[1]이었다.

"전하, 대행대왕(경종) 때에 전하를 세제로 책봉해야 한다고 주장하다가 여러 신하가 처벌된 바 있습니다. 이제 그들을 풀어주시고, 다시 조정으로 부르소서."

그러나 비록 왕위는 노론의 지지를 받던 영조가 차지하고 있었으나, 조정은 여전히 소론들이 장악하고 있었다. 때문에 이의연은 즉각 소론의 반발에 부딪칠 수밖에 없었다.

"아직까지 대행대왕의 장례도 끝나지 않았는데, 벌써부터 대행대왕께서 행한 일을 트집잡는 것은 불충이옵니다. 이의연을 처벌하여 불충의 죄가 다시는 일어나지 않도록 하소서."

"그러하옵니다. 지금은 국상 중이옵니다. 국상 중에 선왕의 잘잘못을 따지는 것은 역적 행위와 다름이 없사옵니다. 이의연을 처벌하소서."

소론의 강한 반발에 부딪친 영조는 자신을 대신하여 소론 측을 공격한 이의연을 마지못해 유배를 보낼 수밖에 없었다.

그렇듯 노론의 재기 움직임이 꺾이긴 했으나 소론에 대한 노론의 반격은 계속되었다. 이번에는 노론의 송재후가 경종 재위 당시에 벌어졌던 신임사화[2] 과정에서 드러난 소론 측의 불충을 따지고 들었다.

신임사화 당시 김일경[3]은 조고가 진시황의 맏아들 부소를 죽이고 호해를 세운 일과 당 태종이 형과 아우를 모두 죽이고 왕위를 차지한 점을 예로 들어 영조가 왕위를 차지하기 위해 경종을 죽이려 했다는 것을 암시한 일이 있었는데, 송재후가 바로 그 일을 들춰내어 상소를 올린 것이다.

송재후의 상소가 있자, 전국 각처의 노론 측 선비들이 상소를 올려 김일경을 벌줄 것을 주장했다. 영조는 이 기회를 빌어 소론 세력의 힘을 꺾으려고 했다.

영조는 곧 편전으로 나가 대신들을 모아놓고 말했다.

"과인이 생각해도 김일경의 그 같은 주장은 용서할 수 없는

---

1. 이의연 (1692~1724)
신임사화를 일으킨 소론 주동자의 처벌을 주장하다가 소론 측인 이광좌, 이명원 등에 의해 유배된 뒤 참형으로 죽었다.

2. 신임사화 (1721~1722)
경종 1년과 2년인 신축년과 임인년에 걸쳐 일어났다 하여 신임사화라 한다. 왕위 계승 문제를 싸고 일어난 노론과 소론의 싸움으로 소론이 노론을 철저하게 제거한 사건이다.

3. 김일경 (1662~1724)
소론의 거두인 김여중의 아들로 소론 중에서도 강경파의 입장에 섰던 인물이다.

> **4. 이광좌** (1674~1740)
> 이항복의 현손으로 숙종시대에 문과에 장원급제하여 관직에 들어섰다. 영조에게 탕평책을 실시할 것을 상소하여 당쟁의 폐습을 없애도록 건의했고, 노론과 소론의 연립정권을 수립하는 등 당쟁이 없도록 하는 데 힘썼다.
>
> **5. 조태억** (1675~1728)
> 숙종시대에 문과에 급제하여 1710년에 통신사로 일본에 다녀오기도 했다.
>
> **6. 민진원** (1664~1736)
> 숙종비 인현왕후의 오빠로 송시열의 문인이었다. 정치적으로는 노론이었다.
>
> **7. 정호** (1648~1736)
> 정철의 현손으로 송시열의 문하에서 배웠다. 송시열과 정치적인 입장이 같았고, 철저한 노론이었다.

> **노론과 소론**
> 서인에서 갈라진 당파로, 지나친 남인 탄압을 반대한 소장파가 소론이고, 그 소장파에 반대해 강력한 서인 세력을 구축하려고 했던 송시열 일파가 노론 세력이다.

일이다. 당장 김일경을 잡아들여 그때 일을 문초하도록 하라."

김일경은 잡혀와 고문을 당했지만 죄를 시인하지 않았다. 그러자 영조는 친히 국문을 하였다.

"그대는 어찌하여 그대가 저지른 일을 인정하지 않는가?"

"전하, 소신은 전하를 모욕하는 발언을 한 적이 없사옵니다."

"지난날 신임사화 때의 기록에 모두 적혀 있는 것을 그대는 어째서 부인하는가? 바른대로 고하지 못하겠는가?"

"신하된 자가 어떻게 왕위를 이을 세제에게 그런 험한 말을 할 수 있겠습니까? 소신은 그런 말을 한 적이 없사옵니다."

김일경이 끝까지 죄를 부인하자 영조는 그에게 참형을 내렸다. 일단 소론의 핵심 인물인 김일경을 제거한 영조는 곧 소론 측 대신들을 대거 숙청했다.

"김일경이 신임사화 때 노론의 대신들을 탄핵하였는데, 이때 동조한 자들도 모두 유배 조치토록 하라. 또한 김일경과 뜻을 같이 했던 영의정 이광좌[4]와 우의정 조태억[5]은 자리를 내놓고 물러나라."

그리고 영조는 그들이 물러난 자리에 노론 측의 민진원[6]과 정호[7]를 앉혔다. 또한 신임사화 때 희생된 노론 측 인사들을 모두 사면하고, 그들의 관작과 명예를 회복시켰다. 이에 따라 조정은 다시 노론의 세상이 되었다.

이인좌의 난[8]

비록 영조는 노론에 의해 왕위에 오르기는 했지만, 그렇다고 노론이 조정을 독점하는 것을 그대로 두고보지는 않았다.

"어느 당파든 조정을 독식하면 나라가 위태로워질 것이야. 그러니 각 당파에서 인재를 고루 등용해야 해."

영조가 그런 생각을 했던 것은 조정을 다시 장악한 노론 대신들이 소론 측 신하들을 모두 내쫓고 권력을 독점하려 했기 때문이었다. 영조는 노론이 지나치게 세력을 확대하는 것을 경계했다. 그래서 좌의정과 우의정으로 기용했던 노론의 민진원과 정호를 파면시키고, 지난번에 파면되었던 소론 측의 이광좌와 조태억을 정승으로 삼아 다시 조정으로 불러들였다.

영조의 그런 조치 덕분에 소론의 힘이 다소 강화되었는데, 그런 와중에 소론의 일부 인사와 남인의 급진 세력이 반란을 일으켰다. 이것이 '이인좌의 난'이다.

반란을 주도했던 이인좌[9]는 소론 출신이었는데, 그는 이렇게 군중들을 선동했다.

"지금의 왕은 선왕(경종)을 살해하고 왕위를 탈취한 극악무도한 자다. 그를 죽여 경종의 원수를

> **8. 이인좌의 난**
> 정권에서 배제된 소론의 일부 세력과 남인의 급진 세력이 연합하여 영조와 노론 정권을 무너뜨리고 소론과 남인의 정권을 세우려고 일으킨 난으로, 무신년(1728)에 일어났다 하여 무신난이라고도 한다.

> **9. 이인좌** (?~1728)
> 남인의 이론가 윤휴의 손주사위였으며, 할머니는 숙종 시대에 남인 정권의 거두 권대운의 딸이었다. 이렇듯 남인과 가까웠던 그는 정치적으로는 소론 과격파로 분류되고 있다.

갚고 나라를 구하자!"

이인좌가 이런 주장을 하게 된 데에는 나름대로 이유가 있었다. 경종이 죽었을 당시 왕이 독살되었다는 소문이 전국에 퍼져 있었는데, 범인으로 지목된 사람이 바로 영조였다.

경종은 평소에 병을 앓고 있었지만 다소 급작스럽게 죽었는데, 많은 사람들이 영조가 올린 게장을 먹고 죽었다고 믿고 있었다. 특히 영조의 즉위를 극구 반대하던 소론 측에선 노골적으로 영조가 게장에 독을 타서 경종을 죽였다는 소문을 퍼뜨렸고, 이인좌의 무리는 바로 이런 소문에 근거하여 반란을 일으켰던 것이다.

이인좌의 반란 계획은 영조 즉위 직후부터 시작되었다. 이때 이인좌의 계획에 동조한 사람은 대부분 소론과 남인의 급진 세력이었다. 그 세력에는 전라도 태인현감 박필현[10]과 같은 관리와 평안병사 이사성[11], 금군별장 남태징[12] 등 무장 세력이 함께 포함되어 있었다.

이인좌의 반란 준비는 1725년부터 본격적으로 시작되었고, 이들은 암암리에 영조가 게장에 독을 타서 경종을 죽였다는 소문을 퍼뜨렸다.

영조가 경종을 독살했다는 유언비어를 퍼뜨리는 데 성공한 이인좌 일당은 곧 전국 방방곡곡에 다음과 같은 방문을 써 붙이기 시작했다.

"지금 왕이 선왕을 살해했다. 백성들이여! 창을 들고 일어나 살인자를 응징하자."

10. 박필현 (1680~1728)
소론 과격파에 속하며 신임사화를 일으킨 김일경을 추종했다. 이인좌의 난에 가담했다가 참수되었다.

11. 이사성 (?~1728)
조선 영조 때의 무신으로 이인좌의 난에 가담했다가 참형에 처해졌다.

12. 남태징 (?~1728)
숙종시대에 무과에 급제하여 관직에 나왔으며, 경종이 즉위하자 소론에 가담하여 예송논쟁에 앞장서기도 하였다. 이인좌의 난에 가담한 혐의를 받았지만 끝까지 결백을 주장했다.

이인좌 일파는 곧 노비나 화적, 또는 나라에 반감이 있던 사람들을 모집하여 은밀히 군대를 양성했다.

그런데 1727년에 영조는 노론 정승들을 내쫓고 소론 정승들을 조정으로 불러들이는 조치를 취했고, 덕분에 소론 정권이 들어서자 이인좌를 추종하는 무리들이 줄어들기 시작했다.

그리고 설상가상으로 이인좌의 수하 중에 배반자가 나왔다. 첫 번째 배반자는 최규서[13]라는 인물이었다. 그는 포도청을 찾아가 이인좌의 반란 계획을 밀고했다.

최규서의 고발이 있자, 곧 조정은 반란자 색출 작업에 들어갔다. 이에 모반 계획이 탄로났음을 안 이인좌는 1728년 3월 15일에 드디어 그동안 양성한 군대를 일으켰다.

"우리는 경종의 원수를 갚기 위해 의연히 일어난 충의군이다. 적들을 한 놈도 남기지 말고 모두 죽여라!"

이인좌는 스스로 대원수를 자청하고, 부하들과 함께 장례 행렬을 가장해 청주로 들어갔다. 그리고 곧장 상여에 싣고 온 무기를 꺼내 청주성을 함락시켜 버렸다. 이때 성을 지키고 있던 충청병사 이봉상과 군관 홍림, 영장 남연년 등이 살해되었다. 이인좌는 곧 자신의 수하들을 충청병사와 청주목사로 삼고, 주변의 여러 읍에 격문을 보내 군대를 모집했다.

"선왕을 죽인 살인범 연잉군을 몰아내 경종의 원수를 갚자! 이 대의에 참여하기를 원하는 자는 군대에 자원하라."

그렇게 경종에 대한 복수를 기치로 내건 이인좌의 무리는 곧 북쪽으로 진군하여 안성과 죽산 쪽으로 나아갔다. 그리고 이곳

13. 최규서 (1650~1735)

삼당시인으로 꼽히는 최경창의 후손으로 숙종시대에 과거에 급제하여 벼슬에 나왔다. 신임사화를 일으킨 소론의 강경파 김일경과는 뜻을 달리하여 소론의 온건파를 이루었다.

> **14. 오명항** (1673~1728)
> 숙종시대에 문과에 급제하여 교리, 이조좌랑 등을 지냈다. 이인좌의 난이 일어나자 4도 도순문사로 난을 평정하여 분무공신 2등에 봉해졌다.
>
> **15. 정희량** (?~1728)
> 이인좌의 난에 호응하였다가 처형되었다.
>
> **16. 탕평책**
> 영조, 정조시대에 지나친 당쟁을 막고 당파간의 균형을 이루기 위해 파당(이해를 같이 하는 사람끼리 어울려서 갈린 여러 파벌)에 속한 자를 골고루 등용하여 화합을 이루기 위한 정책을 말한다.

에서 한판 큰 싸움이 벌어졌다. 그러나 이 싸움에서 이인좌의 군대는 도순문사 오명항[14]이 이끄는 관군에게 대패하고 말았다.

한편, 청주성은 이인좌의 수하 신천영이 지키고 있었는데, 그 역시 관군을 이끌던 박민웅에게 대패하여 청주성에서 쫓겨났고, 이어 관군에 의해 전멸되고 말았다.

그러나 그것으로 반란은 종결되지 않았다. 이인좌가 충청도에서 반란을 일으키자, 영남지방과 호남지방에서도 이에 호응하여 반란이 일어났던 것이다.

영남지방에서 반란을 일으킨 인물은 정희량[15]이었다. 그도 이인좌처럼 장례를 구실로 사람들을 모아 반란을 일으켰다.

정희량은 군대를 모집하여 이인좌의 동생 이웅보의 군대와 연합하여 경상도 거창 지역을 장악했다. 이후 정희량은 합천과 함양 등으로 진출하여 4개 군을 손안에 넣었다.

그러나 정희량의 군대는 전라도로 향하다가 경상감사 황선이 이끄는 토벌군에게 패배하여 무너지고 말았다.

그 무렵, 호남지방에선 태인현감 박필현이 군대를 일으켜 전라도 지역을 장악하려 했다. 하지만 박필현 역시 토벌군에게 체포되어 처형되었고, 이로써 전국 각처에서 일어난 이인좌의 난은 실패로 돌아갔다.

영조의 탕평책[16]과 사도세자의 죽음

이인좌의 난은 소론과 남

인의 급진 세력이 일으킨 것인데, 이 난을 진압한 세력도 소론이었다. 하지만 주모자의 대부분이 소론 사람들이었기 때문에 이를 진압한 소론 정치인들의 처지는 매우 곤란하게 되었다. 영조는 이 기회를 놓치지 않고 탕평책을 강화하기에 이른다.

영조의 탕평책은 '쌍거호대'라는 독특한 방법으로 구체화되었다. 쌍거호대란 이런 것이었다. 예컨대 노론 대신을 영의정으로 삼았으면, 좌의정은 소론 대신을 앉히고, 이조판서에 소론을 기용했으면 참판에는 소론, 참의에도 소론, 그리고 그 아래인 정랑에는 노론을 배치하는 형태다.

탕평비

탕평책을 실시한 영조가 직접 글을 써서 세운 비이다.

서울시 종로구 명륜동

이런 방법으로 조정을 안정시켰지만, 그래도 영조는 고민이 있었다.

"이렇게 자리마다 노론과 소론을 숫자에 맞게 앉히다 보니, 능력보다는 파벌만 따지게 된단 말이야. 어떻게 해서든 인재 중심으로 신하를 뽑아야 할 터인데……."

그랬다. 영조는 단순히 파벌을 따져 신하를 선택하는 것은 국가 경영을 위해 바람직하지 않다고 생각했다. 하지만 우선은 조정을 안정시키는 것이 급선무였던 영조는 한동안 쌍거호대

방식을 유지할 수밖에 없었다. 그러다 조정이 완전히 안정되자, 영조는 자신이 애초에 생각했던 대로 재능을 중심으로 신하를 택했다.

거기다 영조는 단순히 노론과 소론에서만 인재를 뽑지 않고, 남인과 북인에서도 인재를 뽑았다. 그 결과 조정엔 노론, 소론, 남인, 북인 등 사색당파가 골고루 포진하게 되었다. 덕분에 조정은 약 20년 동안 매우 안정되었다.

그러나 1749년에 56세의 나이였던 영조가 건강이 나빠져서 세자 선(사도세자[17])에게 왕의 업무를 대신 처리하게 하면서 20년 동안 유지되던 조정의 평화는 깨지기 시작했다. 세자에게 잘 보이려는 신하들의 눈치싸움이 치열하게 시작된 것이다.

그 때문에 영조와 긴밀한 관계를 형성하고 있던 노론 대신들은 몹시 불안해졌다. 소론과 북인, 남인들이 동궁전을 자주 드나들면서 모종의 음모라도 꾸미는 것이 아닌지 걱정하였다.

노론의 염려처럼 당시 세자 선은 노론 신하들보다는 주로 소론이나 북인, 남인들을 가까이 하는 편이었다.

그렇게 그럭저럭 10년이 흘러갔는데, 시간이 흐를수록 세자와 노론 간의 거리는 점점 멀어졌다. 세자는 노론 신하들을 꺼려했고 노론 역시 세자를 탐탁히 보지 않았다.

세자와 노론 사이가 뒤틀려 있을 무렵인 1757년, 영조의 첫 번째 왕비인 정성왕후 서씨가 죽었다. 그리고 영조는 1759년에 66세의 늙은 나이로 15세의 어린 왕비를 받아들였는데 바로 그녀가 영조의 두 번째 왕비 정순왕후 김씨였다.

17. 사도세자 (1735~1762)
영조의 둘째 아들이며 영빈 이씨의 소생이다. 세자에 책봉되었으나 영조에 의해 뒤주에 갇혀 죽었다.

정순왕후는 노론 측 신하였던 김한구[18]의 딸이었으므로 당연히 노론 편에 섰다. 그녀는 또한 영빈 이씨 소생인 세자 선을 별로 좋아하지 않았다.

"엄연히 중전이 있는데, 후궁의 아들이 왕위를 잇는다니, 말도 안 되는 소리지. 내가 빨리 적자를 낳아 내 아들로 하여금 왕위를 잇게 하리라."

그런 정순왕후의 태도 때문에 세자도 그녀를 몹시 꺼렸다.

"나 참, 내 나이가 올해로 25세인데, 열 살이나 어린 어머니를 모셔야 하다니, 내 신세도 참 안 됐구먼."

세자와 노론은 시간이 지날수록 사이가 점점 나빠졌다. 노론 대신들은 어떻게 해서든 세자를 폐위시켜야 한다는 판단을 하기에 이르렀다. 그 일을 위해 노론 측은 세자와 영조 사이를 이간질시켰다. 그 일에 가장 앞장 선 사람은 정순왕후, 그리고 영조가 총애하던 후궁 숙의 문씨[19]였다. 정순왕후는 동궁에 소론, 북인, 남인들이 드나들고 세자가 정치에 간섭한다며 영조의 심기를 어지럽혔다.

영조는 세자를 두둔하였지만, 정순왕후가 계속하여 영조에게 세자의 행동을 고하자, 영조는 곧 세자를 불러 다그쳤다.

"궁중에 떠도는 소문으론 네가 소론과 남인, 북인 정치인들을 만나고 다닌다고 하는데 사실이냐?"

"전하, 저는 그런 일이 없사옵니다. 누가 그런 소문을 전하께 전해 주었사옵니까?"

"누가 전해 주었든, 그것은 중요한 일이 아니다. 그러니 다시

18. 김한구 (?~1769)
영조의 계비 정순왕후 김씨의 아버지로 노론이었다.

19. 숙의 문씨
영조가 총애하던 후궁으로 사도세자에 대한 나쁜 소문이나 정보를 일일이 영조에게 고해바쳐 사도세자가 억울하게 죽는 데에 큰 역할을 한 인물이다.

는 그런 소문이 나지 않도록 행동을 조심하도록 해라."

"알겠사옵니다."

세자는 중전과 중전 뒤의 노론 신하들이 자신의 목숨을 노리고 있음을 금방 눈치챘다.

영조가 세자에게 주의를 준 지 며칠 만에 이번에는 숙의 문씨가 영조에게 말했다. 세자가 밤마다 궁 밖에 나가 누군가를 만나고 온다는 내용이었다.

영조는 다음 날 세자를 불러 무섭게 다그쳤다.

"밤마다 몰래 궁궐을 빠져 나간다고 하는데, 사실이냐?"

"그런 일은 없사옵니다."

"아니 땐 굴뚝에 연기 나는 것 봤느냐? 네가 밖에 나가지 않았다면 어째서 동궁전 궁녀들의 입에서 그런 소리가 흘러나온단 말이냐?"

"전하, 소자는 결단코 그런 일이 없었사옵니다."

"그만 물러가라! 그리고 또 한 번 이런 소문이 들려오면 너를 그냥 두지 않을 것이다."

부왕에게 그런 질책을 듣고 동궁전으로 돌아온 세자 선은 몹시 분개했다. 세자 선은 동궁전의 궁녀들 속에 첩자가 있다고 생각했다.

"여봐라, 지금 당장 동궁전의 궁녀들을 모두 모이라 하라!"

궁녀들이 모두 모이자, 세자는 엄하게 경고했다.

"만약 오늘 이후로 동궁전에서 일어난 일을 바깥에 나가 함부로 지껄이는 경우나, 또는 동궁전에 관한 소문이 흘러 다니는 일이 있으면 내 너희들을 모두 죽일 것이다. 명심하라!"

그러나 영조는 다시 세자 선을 불러 호통을 쳤다.

"내 그토록 일렀는데, 너는 어찌하여 스스로 반성하지 못하고 함부로 행동하고 다니는 것이냐? 너는 어찌하여 궁녀들을 모아놓고 협박을 했느냐? 그 내막을 내게 모두 고하라."

"전하, 그것은 동궁 궁녀들이 입을 함부로 놀리지 못하게 엄하게 경고한 것일 뿐 다른 의도는 없사옵니다."

"시끄럽다. 네가 부끄러운 행동을 하지 않았다면 궁녀들의 입을 막을 이유가 없지 않느냐?"

그 뒤로도 영조는 툭하면 세자를 불러 행동을 조심하고 말을 조심하라며 호통을 쳤고, 그 일로 세자는 몹시 예민해져 있었다.

"분명히 내 주변에 중전의 첩자가 있다. 내 반드시 찾아내 요절을 내고 말리라."

그런 판단을 하고 있던 세자는 그때부터 궁녀들이 모두 첩자로 보였다. 뿐만 아니라 노론 집안 출신인 세자빈 혜빈 홍씨[20]까지도 첩자로 보였다.

"빈궁도 노론 출신이니, 내 행동을 모두 친정에 알리고 있소이까?"

20. 혜빈 홍씨 (1735~1815)
영조시대에 영의정을 지낸 홍봉한의 딸로 10세 때 세자빈에 책봉되어 사도세자와 가례를 올렸으며, 1762년 사도세자가 죽은 뒤에 혜빈이 되었다. 정조의 생모이다.

"저하, 어찌 그런 말씀을 하시옵니까? 친정이 아무리 피붙이라고 하나 어찌 살을 맞대고 사는 저하보다 가깝겠사옵니까?"

"흐흐흐. 부인이 말은 그렇게 해도 아마도 친정 사람들이 오면 내가 소론이나 북인들과 어울려 다닌다고 다 고자질한다는 사실을 내 모르는 줄 아시오."

"그건 오해이옵니다."

영조의 잦은 꾸지람과 주변 사람에 대한 심한 불신감에 젖어 있던 세자 선은 그 무렵부터 정신적으로 약간 불안한 증세를 보이기 시작했다.

그러던 어느 날 세자는 침실 바깥에 앉아 숙직을 하고 있던 궁녀를 불러들였다.

"내 그동안 너를 계속 지켜보았다. 그리고 네가 숙직을 선 다음 날엔 꼭 아바마마께서 나를 호출하셨지."

"저하, 무슨 말씀을 하시는 것인지……."

"바른 대로 말하라. 그러면 목숨은 살려줄 것이다. 누가 너에게 첩자질을 시켰더냐? 중전이냐? 혜빈이냐? 아니면 숙의[21]냐? 그것도 아니면 아바마마냐?"

궁녀는 두려움에 몸을 오들오들 떨며 부인했지만, 세자는 의심을 거두지 않고 칼을 내리쳐 궁녀를 죽여 버렸다.

다음 날, 세자가 궁녀를 죽인 사실은 영조에게 곧바로 보고되었다.

"뭣이 어째? 세자가 궁녀를 죽여? 여봐라! 당장 세자를 불러와라."

---

21. 숙의
조선시대 내명부의 하나로 왕이 후궁에게 내린 작호다. 품계는 종2품이고 그 위가 소의, 귀인, 빈이다.

세자가 오자, 영조는 무섭게 호통치며 소리쳤다.

"네 이놈! 어찌하여 너는 함부로 인명을 상하게 했느냐?"

"그년은 저를 감시하고 엉터리 소문을 낸 나쁜 계집이옵니다."

"이런 미친 놈! 이제 네놈이 정신이 돌았구나."

"전하, 어찌하여 소자를 이토록 괴롭히는 것이옵니까? 소자, 그 이유를 모르겠사옵니다."

"이런 못난 놈! 너처럼 한심한 놈이 이 나라의 세자라는 사실이 부끄러울 뿐이다. 당장 물러가라!"

그렇듯 부왕에게 무시를 당한 세자는 동궁으로 돌아가 궁녀들을 모아놓고 다시 경고했다.

"아직도 네년들 중에 첩자가 있다는 사실을 나는 알고 있다. 머지않아 나는 반드시 첩자를 찾아내 죽일 것이다."

세자는 그로부터 며칠 뒤에 몰래 동궁을 빠져 나갔다.

"아바마마께서 나를 저토록 불신하시니, 내가 더 이상 세자로 있는 것이 불효다. 나는 이제 마음대로 살고 싶다. 세자고 왕자고 동궁이고 모두 싫다."

그렇게 동궁을 빠져 나간 세자는 수하들을 데리고 황해도와 평안도를 정처 없이 돌아다니며 유람했다. 뒤늦게 그 사실을 보고 받은 영조는 노발대발하며 세자를 불러 경고했다.

"네놈이 정녕 미쳤구나. 내 더 이상 세자에게 대리청정을 시키지 않을 것이니 그렇게 알라! 그리고 만약에 또 한 번 소란을 피우면 너를 궁궐에서 내쫓을 것이다."

22. 관서지역
관서는 마천령 서쪽지역을 가리키는 말로 평안도 일대를 일컫는다.

23. 홍계희 (1703~1771)
조선 후기의 문신으로 영조 시대에 병조, 형조, 호조판서 등을 역임했다. 1762년 경기도 관찰사로 있으면서 사도세자의 잘못을 고발하게 함으로써 세자를 죽음으로 몰고 가는 원인을 제공했다.

24. 나경언 (?~1762)
노론 측 대신 형조판서 윤급의 종으로 알려져 있으나 영조실록에 액정별감 나상언의 형으로 알려져 있는 것으로 보아 천출이 아닌 중인 계급인 것으로 보인다. 세자의 비행 10가지를 적은 고변서를 형조에 제출했다.

25. 영빈 이씨 (?~1764)
사도세자의 어머니이자 영조가 총애하는 후궁이었다. 영조와의 사이에 총 1남 3녀를 두었는데, 그녀의 딸들인 화평옹주, 화협옹주, 화완옹주 등은 모두 영조의 총애를 받았다.

"소자는 이제 세자든 왕자든 관심이 없습니다. 아바마마 마음대로 하소서."

그 무렵, 세자를 제거할 기회를 엿보고 있던 노론 측 대신 윤재겸은 세자를 비판하는 상소를 올렸다.

"전하, 지금 세자 저하는 이상한 행동으로 체통을 잃고 있사옵니다. 정녕 이대로 보고만 계시면 나라의 기강이 흔들리고, 제왕의 위상이 땅에 떨어질 것이옵니다."

윤재겸의 상소를 받고 영조는 일단 세자와 함께 관서지역[22]을 여행했던 자들을 모두 벌했다.

하지만 노론의 공격은 거기서 그치지 않았다. 정순왕후의 아버지 김한구, 노론의 우두머리 홍계희[23] 등의 사주를 받은 나경언[24]이 세자의 비행 10가지를 적어 영조에게 고했다. 나경언의 상소로 영조가 몹시 분개해 있는데, 세자 선의 생모인 영빈 이씨[25]까지 가세했다.

"전하, 세자는 제 정신이 아니옵니다. 요즘도 궁녀들을 함부로 죽이고, 심지어는 어미인 저까지도 동궁 출입을 하지 못하게 하옵니다. 그러니 세자가 더 많은 일을 저지르기 전에 차라리 죽이소서."

생모인 그녀의 말을 듣고 영조는 드디어 세자를 죽이기로 결심하였다. 그래도 세자의 장인이자 노론의 핵심 인물이었던 홍봉한을 불러 다시 한 번 물었다.

"영빈이 세자를 죽이라고 하니, 어떻게 하면 좋겠소."

"오죽하면 생모가 자식을 죽이라 하겠나이까. 지금 세자께서는 제 정신이 아니옵니다. 입에 담기 힘들지만 심지어 전하를 살인자라고 말하기도 한답니다."

"그건 또 무슨 소린가?"

"세자께서 어디서 그런 소리를 들었는지 알 수 없으나, 전하께서 경종대왕을 시해했다고 믿고 있다고 하옵니다."

"이, 이런! 여봐라, 지금 당장 세자를 불러오라."

영조는 세자를 불러 무섭게 다그쳤다. 하지만 세자는 영조의 호된 추궁을 계속 듣기만 할 뿐 아무 대답을 하지 않고 고개만 숙이고 있었다. 영조는 결국 분을 이기지 못하고 말했다.

"고약한 놈 같으니. 감히 아비를 살인자로 몰아? 네놈은 자식도 아니다. 이 길로 가서 자결하라!"

그러나 세자는 자결하지 않았다.

"내 차라리 거지로 태어날 것을. 어찌하여 왕자로 태어나 이런 수모를 당해야 한단 말인가?"

세자가 자결하지 않았다는 말을 듣고 영조는 다시 명령했다.

"세자를 뒤주[26]에 가둬 굶겨라!"

결국, 영조는 세자를 뒤주에 가뒀고, 세자 선은 뒤주에 갇힌 지 8일 만에 죽었다. 세자가 죽은 뒤 영조는 아들의 죽음을 애도한다는 뜻으로 '사도'라는 이름을 내렸다. 28세의 나이로 뒤주에 갇혀 죽은 세자가 바로 사도세자다.

26. 뒤주
쌀이나 곡식을 담아두는 나무로 만든 네모난 궤짝을 말한다.

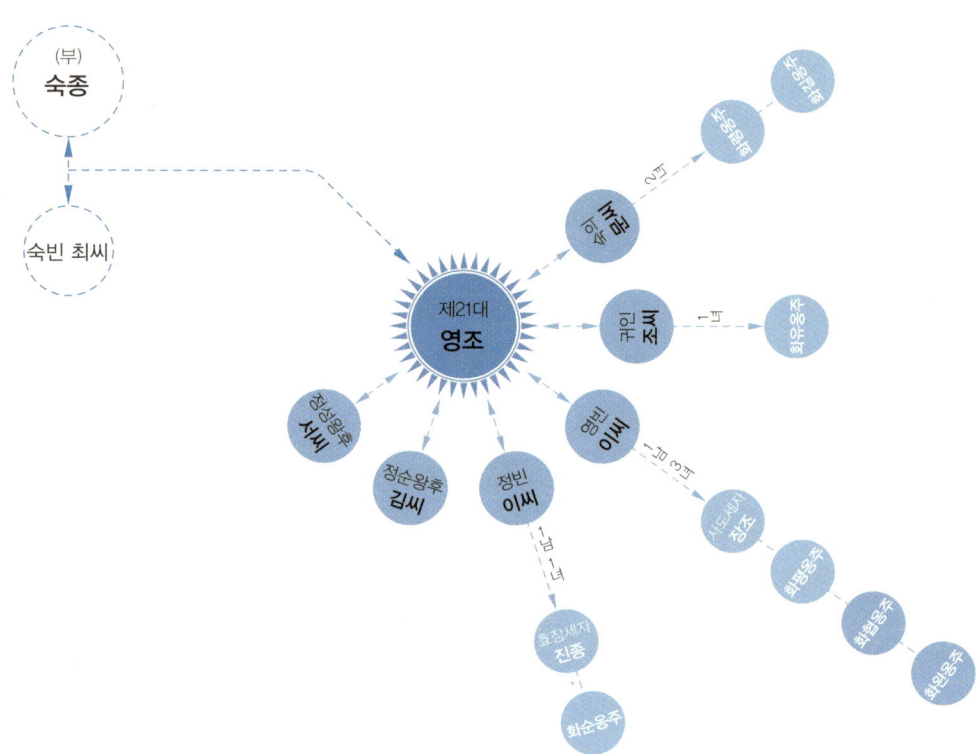

사도세자는 후에 그의 아들 정조가 즉위한 뒤에 장헌세자로 불렸다가 다시 장조로 추존되었다.

1762년에 사도세자가 죽은 뒤, 조정 대신들은 사도세자의 죽음을 안타까워하는 무리(시파)와 죽음을 당연하게 생각하는 무리(벽파)로 갈라져 당쟁을 벌였다. 이러한 시파와 벽파의 싸움은 정조 즉위 이후에 더욱 치열하게 전개된다.

영조는 사도세자를 죽인 뒤에 그의 아들 산(정조)을 세손으로 삼았지만, 사도세자를 죽음으로 몰고간 세력은 세손마저 죽이기 위해 안간힘을 썼다. 이 일로 노론 벽파와 세손 간에 치열한 권력 다툼이 전개되었다.

그런 가운데 영조는 노쇠한 몸으로 왕위를 지키다가 1776년 3월에 83세를 일기로 생을 마감했다.

영조가 팔순이 넘었을 때는 너무 늙어 제대로 정사를 돌보지 못했고, 천식이 심해 말도 제대로 하지 못했다. 그 때문에 영조의 서녀였던 화완옹주[27]가 마음대로 왕권을 휘두르며 세손을 쫓아내기 위해 갖은 모략을 꾸며 냈다. 하지만 영조는 끝까지 세손에 대한 신뢰를 저버리지 않았고, 결국 세손에게 왕위를 물려주고 생을 마감했다.

27. 화완옹주
사도세자와 마찬가지로 영빈 이씨 소생이다. 사도세자를 모함해 죽게 했으며, 정조의 즉위를 막으려 암살을 시도하기도 했다.

영조의 생애

영조는 숙종의 차남이며 서자로 무수리 출신인 숙빈 최씨 소생이다. 1694년 9월 13일에 창덕궁 보경당에서 태어났으며, 이름은 금, 자는 광숙이다.

그는 어릴 때부터 오른팔에 용비늘 같은 무늬가 있었으며, 재기가 뛰어나 숙종의 사랑을 받았다. 6세 때에 연잉군에 책봉되었고, 아들이 없던 경종은 1721년에 그를 왕세자에 책봉했다. 그리고 1724년 8월에 경종이 죽자 왕위에 올랐다. 이때 그의 나이 31세였다.

그는 세제 책봉 과정에서부터 엄청난 당쟁의 소용돌이 속에 휘말렸고, 하마터면 역모의 주동자로 몰려 목숨을 잃을 뻔도 하였다. 당쟁의 주도 세력은 서인이 분파된 소론과 노론이었다. 소론은 경종을 호위하며 정권을 유지하려 했고, 노론은 소론과 대립하며 연잉군을 지지했다. 때문에 경종시대에는 주로 소론이 권력을 장악하는 양상이 벌어졌지만, 영조가 즉위하면서 노론이 힘을 얻었다.

영조는 극단으로 치닫던 당쟁을 해결하기 위해 탕평책을 실시하여 인재를 고루 등용하고 조정을 안정시키는 데 박차를 가했다. 하지만 즉위 초기에 경종독살설을 명분으로 일어난 이인좌의 난을 겪는 등 많은 난관을 거쳐야 했다. 그러나 지속적으로 탕평책을 유지하여 당쟁의 양상을 크게 약화시켰다. 하지만 영조가 늙고 병들면서 당쟁은 다시 격화되었다.

특히 왕위 계승과 관련하여 영조는 개인적으로 매우 불행했다. 원자 효장세자가 일찍 죽고,

영조 어진
고궁박물관 소장

다시 사도세자가 그 자리를 이었으나 그
역시 당쟁의 희생자가 되어 뒤주에 갇혀
죽었다. 이후 영조는 손자 산(정조)을 세손
으로 삼아 왕위를 잇고자 했는데, 세손의
즉위를 반대하던 노론 벽파와 화완옹주 등
의 모략으로 영조 말기는 한치 앞을 내다
볼 수 없는 안개정국이 되었다.

영조 옥새
고궁박물관 소장

영조는 어지러운 당쟁 상황에서 왕위에 올라 수십 년간 정치를
안정시키고 문화를 발전시킨 왕이었으나 80세가 넘은 나이까지
왕위에 있는 바람에 말기에 이르러서는 병약하여 제대로 국정을
돌볼 수 없는 처지가 되었고, 그것이 곧 국정 혼란의 원인이 되
었다.

그는 1776년 3월 5일 경희궁의 집경당에서 재위 51년 7개월만
에 83세를 일기로 생을 마감했다.

중국 조정에서 시호를 장순이라 했고, 조선 조정에서 묘호를
영종으로 올렸다가 후에 영조로 개칭했다. 여기에 여러 시호가
합쳐져 정식묘호는 '영조장순익문선무희경현효대왕(英祖莊順翼
文宣武熙敬顯孝大王)' 이다.

능은 경기도 구리시 인창동의 건원릉 서쪽 둘째 산등성이에 마
련되었으며, 능호는 원릉이다.

그는 2명의 정비와 4명의 후궁을 두었으며, 이들에게서 서자,
서녀 2남 7녀를 얻었다.

영조의 왕비

정성왕후 서씨 (1692~1757)

정성왕후는 대구 서씨 종제의 딸이다. 1692년 12월 7일에 가회방의 사저에서 태어났으며, 1704년 13세의 나이로 숙종의 둘째 아들 연잉군과 가례를 올렸다.

경종이 후사가 없어 연잉군이 세제로 책봉되자 그녀도 빈에 봉해졌으며, 1724년 영조가 즉위함에 따라 왕비가 되었다.

그녀는 오래 살기는 하였으나 자식을 낳지 못했고, 그런 까닭에 궁중에서 큰 영향력을 행사하지 못했다.

1757년 2월 15일 창덕궁 관리합에서 66세를 일기로 세상을 떴다.

소생은 없었으며 능은 홍릉으로 경기도 고양시에 있다.

정순왕후 김씨 (1745~1805)

  정순왕후는 조선 말기 노론 벽파 정권을 열어 서학의 유입을 철저히 막고, 정조가 키워놓은 인재들을 대거 숙청한 장본인이다.
  경주 김씨 한구의 딸인 그녀는 1745년 11월에 여주읍의 사저에서 태어났으며, 1759년 15세의 나이로 왕비에 책봉되어 66세의 영조와 가례를 올렸다.
  영조는 그녀가 왕비가 된 지 17년 후에 죽었는데, 영조 사후에 그녀는 사도세자의 죽음에 동조했다 하여 정조와 관계가 좋지 않았다.
  정조 시절에 숨죽이고 있던 그녀는 정조가 죽고 순조가 어린 나이로 즉위하자 대왕대비로서 수렴청정을 했으며, 벽파인 친정 세력을 대거 등용하여 정조의 탕평 정책을 보좌했던 정약용, 이가환 등을 대거 숙청하고, 천주교에 대한 대대적인 탄압을 강행했다.
  그 후 그녀는 4년간 수렴청정을 하다가 순조가 15세가 되던 1804년에 수렴을 거두고 편전에서 물러났다.
  이듬해인 1805년 1월 12일에 창덕궁 경복전에서 61세를 일기로 세상을 떴다. 소생은 없었다.
  죽은 후 영조와 함께 원릉에 묻혔다.

제22대 정조실록

규장각을 발전시킨 정조

정조시대의 세계 약사

중국의 청나라에서는 '백련교도의 난'이 일어나 전국적으로 혼란스러웠고, 일본은 서양 문물을 새롭게 수용하면서 발전을 도모하고 있었다. 한편 유럽에서는 프랑스대혁명이 발발한 후 나폴레옹에 의해 혁명 전쟁이 이어졌고, 미국은 독립을 쟁취하고 워싱턴, 제퍼슨 등을 대통령으로 세웠다. 이 시기는 무엇보다도 프랑스와 미국의 시대였다.

천신만고 끝에 왕위에 오른 정조

1776년 3월, 영조의 세손이자 사도세자의 아들 산이 왕위에 오르니, 그가 제22대 왕 정조다. 그는 세손 시절에 늘 죽음의 위협에 시달려야 했고, 왕위에 오르기 직전까지도 당쟁의 소용돌이를 헤치며 권력 다툼을 벌여야 했다.

정조는 1762년에 아버지 사도세자가 뒤주에 갇혀 죽자, 일찍 죽은 영조의 맏아들 효장세자[1]의 양자로 입적되어 11세의 나이로 세손에 책봉되었다. 그러나 그는 사도세자의 아들이었기 때문에 노론 벽파들은 무슨 수를 써서라도 세손의 왕위 계승을 막으려고 했다. 세손이 왕위에 오르면 사도세자의 원수를 갚으려 들까봐 두려웠던 것이다.

이들 벽파 신하들 속에는 세손의 외조부인 홍봉한[2]과 그의 동생 홍인한[3]이 포함되어 있었다. 홍인한은 세손의 왕위 계승을 가장 강하게 반대한 인물이었다.

하지만 홍봉한의 입장은 좀 달랐다. 설마 외손자인 세손이 자신을 해칠 리 없다고 생각했다. 그는 세손의 왕위 계승을 막아야 한다는 홍인한의 주장에 반대했다.

홍인한처럼 세손을 죽이지 못해 안달이 난 인물이 하나 더 있었으니, 바로 세손의 친고모인 화완옹주였다.

화완옹주는 사도세자의 생모인 영빈 이씨의 딸이었는데, 영조는 화완옹주를 특별히 사랑했다. 영조는 그녀가 아프다는 소리를 들으면 옹주의 집으로 병문안을 가기도 했고, 몸이 아플 때면 옹주를 불러 간호를 맡기기도 했다.

화완옹주는 어린 나이에 정치달이라는 인물과 혼인을 하였다. 하지만 남편이 일찍 죽고 과부가 되어 지냈기에 영조는 그 점을 안타깝게 여겨 자주 그녀를 궁궐로 불러들였다. 하지만 그녀가 영조에게 잘 보이기 위해 애를 쓴 이유는 따로 있었다.

"세손이 왕위에 오르면 필시 나를 그냥 두지 않을 것이야."

영조가 사도세자를 뒤주에 가둬 죽여야겠다고 결심한 배경에는 사도세자의 생모였던 영빈 이씨의 역할이 컸다.

영빈 이씨는 사도세자가 궁녀들을 마구 죽이는 행동을 보이자, 차라리 세자를 죽여 달라고 고했다. 때문에 사도세자의 아들인 세손 산이 왕위에 오르면 영빈 이씨의 딸인 화완옹주도 무사하지 못할 상황이었다.

1. 효장세자 (1719~1728)
영조의 서자 중에 장남으로 이름은 행이다. 7세에 왕세자에 책봉되었으나 10세에 죽었다.

2. 홍봉한 (1713~1778)
사도세자의 장인이자 혜경궁 홍씨의 아버지다. 사도세자의 죽음에 책임이 있다 하여, 훗날 여러 선비들로부터 탄핵을 받았다.

3. 홍인한 (1722~1776)
정조의 어머니 혜빈 홍씨의 숙부이자 홍봉한의 동생이다.

4. 정후겸 (1749~1776)
본래 인천에서 어업에 종사하던 평민 출신이었으나, 영조의 서녀 화완옹주에게 입양되면서 권세를 누린 인물이다.

시파와 벽파
영조가 사도세자를 죽인 일을 정당했다고 보는 측이 벽파이고, 사도세자를 죽일 것까지는 없었다고 보는 측이 시파이다.

결국, 화완옹주는 세손의 왕위 계승을 막기 위해 정후겸[4]이라는 인물을 양자로 삼았다. 정후겸은 정치달의 먼 친척뻘이었는데, 집안이 몰락하여 어부의 아들로 자란 자였다. 화완옹주는 그를 양자로 삼아 조정에 진출시키고, 영조에게 간청했다.

"전하, 제게 무엇이 있겠습니까? 부마는 일찍 죽고, 자식도 낳지 못했는데, 다행히 후겸이가 저를 기쁘게 해주고 있습니다. 부디 후겸이를 총애하소서."

당시 영조는 여든 살이 넘은 나이였기에 판단력이 흐린 데다 천식이 너무 심해 말을 제대로 하지 못했다. 그런 까닭에 화완옹주가 왕명을 대신 전달하는 일도 있었다.

화완옹주의 간청으로 정후겸은 졸지에 참판 자리에 올랐고, 그 뒤로 영조와 화완옹주의 후광을 등에 업고 조정을 좌지우지했다.

그런 상황에서 홍인한은 정후겸에게 접근했다. 그리고 세손을 제거하자는 데 뜻을 함께 하기로 한 두 사람은 의기투합하여 한 패가 되었다.

한편, 이 무렵 세손도 성장하여 어느덧 20대의 청년이 되어 있었다. 세손 또한 홍인한과 노론, 그리고 화완옹주가 자신을 노리고 있다는 사실을 알고 있었다.

"내가 저들에게 당하면 나라가 무너지고, 왕실이 무너진다. 어떻게 해서든 저들을 굴복시켜 내가 왕위에 올라야만 나라를 바로 세울 수 있을 것이다."

그런 판단을 한 세손은 은밀히 자신을 지켜 줄 세력을 키우고 있었다. 그 대표적인 인물이 홍국영⁵이었다.

홍국영은 홍봉한과 같은 풍산 홍씨 집안 출신이었지만, 가문이 쇠락하여 홍봉한과는 그다지 왕래가 없었다. 오히려 자신의 가문을 몰락한 집안이라고 무시하는 홍봉한을 별로 좋아하지 않았다. 그는 과거에 급제한 이후에 세자시강원의 관원이 되어 세손을 보필하는 일에 힘을 쏟았다.

세손은 그런 홍국영을 무척 신임했다. 홍국영은 굳은 충성심으로 늘 세손을 지켰다. 때때로 세손의 처소에 자객이 들기도 했지만, 홍국영과 그 수하들이 지키고 있었던 덕분에 세손은 목숨을 부지할 수 있었다. 그때마다 자객을 보낸 정후겸과 화완옹주는 분통을 터뜨렸다.

그런 상황에서는 영조의 병은 점점 깊어갔다. 화완옹주는 영조의 병을 핑계삼아 궁궐을 제집 드나들 듯했다. 때문에 세손과 자주 마주칠 수밖에 없었다.

"이보시오, 세손. 세손께서는 우리 집안과 외가 덕으로 지금 그 자리에 있는 것이외다. 그러니 항상 우리 집안을 은인으로 알고 살아야 할 것이오."

화완옹주가 세손을 대하는 태도는 늘 그런 식이었다. 그러면 세손은 그저 아무 말도 하지 않고 지켜볼 뿐이었다. 그러나 속으론 이런 다짐을 했다.

'내 반드시 왕위에 올라 저 흉악한 무리들을 처단하리라.'

그 무렵, 영조는 자신의 건강을 돌이킬 수 없다고 판단하고 드디어 중요한 결단을 내렸다.

5. 홍국영 (1748~1781)
정조를 세손 시절부터 호위하며 성장한 인물로, 정조 즉위 이후에는 막강한 권력을 행사하여 세도정치의 시초를 이뤘던 인물이다.

대전에 누운 영조는 신하들을 모아놓고 말하였다.

"이제 내가 너무 늙어 나랏일을 처리할 수 없으니, 세손이 나를 대신하여 정치를 펼치도록 하라."

말하자면 세손으로 하여금 대리청정을 하도록 명령한 것인데, 그 소리에 소스라치게 놀란 화완옹주가 영조를 만류하며 나섰다.

"아바마마, 그게 무슨 말씀이옵니까? 대리청정이라니요. 천부당만부당하신 말씀이옵니다. 마마께서는 아직까지 10년은 더 사실 것이고, 세손은 아직 어려 정치를 모르옵니다. 그러니 대리청정의 명을 거두어주시옵소서."

하지만 영조는 결심을 굳힌 터였다. 영조는 화완옹주를 제지하고 대리청정의 뜻을 대신들에게 재삼 공표했다.

그때 정후겸이 나섰다.

"전하, 어찌 그리 나약한 말씀을 하옵니까? 전하께서는 이 외손자와 여기 있는 대신들을 믿으시고, 대리청정의 명을 거두소서."

"내 결심은 이미 굳어졌네. 그러니 대신들은 세손을 잘 이끌어주시오. 세손은 아직 어려서 노론이 무엇인지, 소론이 무엇인지 모른다오. 또 병조판서는 누가 좋을지, 이조판서는 누가 좋을지 모르니 그대들이 좀 가르쳐 주시오."

그러자 홍인한이 불쑥 나서서 방자한 말을 하였다.

"세손은 노론이 무엇인지 소론이 무엇인지 알 필요가 없사옵니다. 본래 동궁은 정치에 관여하지 못하는 법 아니겠습니까?"

이 말을 듣고 영조는 홍인한이 세손을 해치려고 작정한 것 같아 괘씸한 생각이 들었다. 하지만 영조는 세손의 안위를 위해 더 이상 말을 하지 않고 자리에 누웠다. 세손을 위해 옳은 말을 해줄 신하 하나 없다는 사실이 안타까워 깊은 한숨만 내쉴 뿐이었다.

영조의 그런 마음을 꿰뚫어본 인물은 세손의 충복 홍국영이었다. 홍국영은 곧 서인의 소론 계열로 참판을 지냈던 서명선[6]이라는 인물을 찾아가 말했다.

"영감, 영감께서 세손을 위해 상소를 올려주시오. 홍인한과 벽파의 기세를 꺾을 절호의 기회니, 영감이 꼭 나서주시오."

"알았네. 나라와 세손을 위한 일인데, 내 어찌 그냥 있겠는가?"

서명선은 곧 상소문을 작성하여 영조에게 올렸.

"전하, 홍인한과 그 주변 무리들을 모두 벌하소서. 이들이 지금 흉한 마음을 품지 않았다면 어찌하여 전하의 면전에서 세손을 위협하는 말을 할 수 있겠사옵니까?"

"오, 그래도 이 나라에 세손을 위해 목숨을 아끼지 않는 충신이 있었구나."

영조는 곧 서명선의 상소를 받아들여 홍인한을 파직하고, 세손에게 대리청정을 명령했다. 마침내 세손이 천신만고 끝에 왕권을 손에 쥐게 된 것이다.

하지만 그 이후에도 홍인한과 정후겸 일파의 반격은 계속 되었다. 그들은 자객을 동원해서라도 세손을 제거하려 하였다. 하

6. 서명선 (1728~1791)
1763년에 과거에 급제하여 벼슬을 얻은 소론 계통의 인물이다. 대사헌, 부제학 등을 거쳐 이조참판을 지냈다.

지만 홍국영과 호위무사들의 장벽에 막혀 번번이 실패했다.

그런 와중에 영조가 죽었다.

마침내 정조가 조선의 제22대 왕에 오른 것이다. 왕위에 오른 정조는 곧 홍인한과 정후겸을 제거하고 이들과 어울린 무리들을 모두 유배 보냈다.

하지만 정조는 고모인 화완옹주는 죽이지 않았다.

홍국영은 정조에게 화완옹주를 극형에 처해야 한다고 강력하게 건의했지만, 정조는 화완옹주를 죽이지 않고 평민으로 전락시켜 섬으로 귀양 보내는 것으로 마무리했다. 화완옹주를 죽이는 것은 화완옹주를 아껴 권력을 갖게 한 영조의 권위를 훼손시키는 것과 같다고 생각했기 때문이었다.

7. 규장각
정조 때 설치된 왕실 도서관이다. 정조가 추구한 혁신 정치의 중추 기구였다.

8. 도승지
국왕의 비서기관인 승정원의 수장이다.

9. 숙위소
정조 때 국왕을 호위하기 위해 설치된 임시 관청이다.

홍국영의 세도정치와 규장각[7]에 모여드는 인재들

왕위에 오른 정조는 그동안 자신을 지켜 주었던 홍국영을 도승지[8]로 삼고, 날쌘 병사들을 뽑아 숙위소[9]를 설치하여 왕궁을 호위하게 하였다. 또한 홍국영이 숙위대장을 겸하게 함으로써 조정을 장악하도록 도와 주었다. 또 홍국영의 힘을 보태 주기 위해 홍국영의 여동생을 후궁으로 맞아들여 원빈[10]으로 삼았다.

이렇게 되자, 홍국영은 하루 아침에 조선 최고의 권력자로 부상했다. 비록 그의 직위는 도승지였지만 정승과 판서, 그리고 조정의 백관[11]들이 모두 그에게 머리를 숙여야 했던 것이다. 뿐만 아니라 8도의 수령과 감사들도 모두 홍국영의 지시를 받고 있었다.

홍국영의 힘은 그야말로 날아가는 새도 떨어뜨릴 정도가 되었다. 이런 홍국영의 정치를 두고 당시 사람들은 권세를 앞세워 정치를 한다고 하여 '세도정치'라고 불렀다.

정조는 왕권을 모두 홍국영에게 내주다시피 한 뒤, 규장각을 짓고 조용히 인재를 양성하고 있었다. 정조와 홍국영 사이엔 이런 밀약이 있었던 것이다.

"홍국영, 자네가 몇 년 간만 조정을 이끌어 주면, 나는 그동안 인재를 양성하여 조선의 백년대계를 마련해 놓겠네."

"전하, 심려치 마소서. 이 홍국영은 천하의 악당이라는 소리를 들어도 이 나라와 전하를 위한 일이라면 기꺼이 감수하겠나이다."

정조는 홍국영의 그런 약속을 믿고 홍국영에게 조정을 맡겨 버렸던 것이다. 그리고 규장각을 짓고, 그곳으로 인재를 끌어 모았다. 모든 신하들의 눈을 홍국영에게 쏠리게 한 다음, 자신은 앞으로 펼칠 자기만의 정치를 위해 치밀한 준비를 했던 것이다.

10. 원빈 (?~1779)
풍산 홍씨 낙춘의 딸이며, 정조 초기의 세도가 홍국영의 누이동생이다.

11. 백관
모든 벼슬아치를 이르는 말로, 백공이라고도 한다.

'규장각의 인재들을 통해 내 반드시 외척과 당쟁을 일삼는 무리들의 횡포를 누르고, 혁신적인 정치를 펼치리라.'

그런 마음으로 설치한 규장각이었기에, 정조는 규장각의 규모를 급속도로 확대시켜 나갔다. 즉위 초인 1776년엔 그저 활자를 만들거나 책을 편찬하는 기관이었던 규장각은 이후엔 정치를 토론하고, 정사를 의논하는 곳으로 발전했다. 말하자면 세종시대의 집현전과 같은 역할을 하게 된 것이었다.

한편, 홍국영은 권력이 너무 커져 왕을 능가하는 힘을 형성하고 있었다. 조정의 모든 인사권을 마음대로 하였고, 지방관과 중앙 관리의 임명과 면직도 모두 그의 말 한 마디에 달리게 된 것이다.

그쯤 되자, 규장각의 젊은 인재들을 중심으로 홍국영에 대한 탄핵 상소가 잇따랐다. 하지만 정조는 홍국영을 처벌하지 않았다.

그러나 홍국영을 탄핵하는 상소는 그 뒤에도 끊이지 않았고, 그것은 자칫 노론 벽파들에게 반격의 빌미를 줄 수도 있었다.

당시 정조는 노론 벽파들에 의해서 정계에서 밀려났던 남인 출신들을 대거 등용하였다. 그 대표적인 인물들이 훗날 영의정을 맡아 정조의 정치적 기반을 만들었던 채제공[12]을 비롯하여 실학자 정약용[13], 이가환[14] 등이었다. 또 규장각을 통해 젊은 학

12. 채제공 (1720~1799)

정조시대에 남인 정치인들을 이끌었던 인물이다. 1788년에 정조의 친필 명령을 받아 우의정에 특채되었고, 1790년에는 좌의정, 1793년에는 영의정에 올라 노론계를 강력하게 비판했다.

13. 정약용 (1762~1836)

정조시대의 대표적인 정치 혁신가이자 실학자로 호는 다산이다. 《목민심서》, 《흠흠신서》, 《경세유표》 등의 저서를 남겼다.

14. 이가환 (1742~1801)

《성호사설》의 저자이자 실학자인 이익의 종손이며, 최초의 천주교 영세자가 된 이승훈의 외삼촌이다.

자들을 많이 받아들였는데, 그 대표적인 사람이 박제가[15], 유득공[16], 이덕무[17] 등의 북학파 실학자들이었다.

홍국영은 노론 벽파뿐 아니라 이들 신진 관료들에 의해서도 공격받고 있었다. 정조는 더 이상 홍국영을 방치할 수 없다는 결론을 내렸다.

정조는 홍국영을 내치기 전에 은밀히 홍국영을 궁궐로 불러들였다.

"홍국영, 그대는 지난 4년 동안 나와의 약속을 잘 지켜 주었고, 덕분에 나는 많은 인재를 얻을 수 있었다. 허나 슬프게도 이제 자네와 헤어져야 할 순간이 온 듯하네."

"전하, 저는 저의 소임이 끝나면 언제든지 낙향하여 조용히 숨어 살 결심이 서 있습니다. 망설이지 말고 소신을 쫓아내소서."

"고맙네. 내 정녕 그대에게 진 빚을 잊지 않겠네."

"전하, 부디 만수무강하소서."

다음 날 정조는 백관이 모인 자리에서 명을 내렸다.

"홍국영이 권력을 함부로 사용한다는 탄핵 상소가 빗발치고 있으니, 과인은 홍국영의 관직을 빼앗고 평민으로 전락시켜 지방으로 내쫓고자 한다."

신하들은 거기서 만족하지 않았다. 홍국영을 극형에 처해야 한다고 아우성이었다. 그러나 정조는 홍국영의 죄를 더 이상 묻지 못하게 했다. 정조의 그런 보호 덕분에 홍국영은 죽음을 면한 채 가족을 이끌고 지방으로 떠났다.

15. 박제가 (1750~1805)
정조시대에 활약한 북학파 실학자로 개혁 이론가였다. 청나라의 문물을 소개한 저서 《북학의》가 있다.

16. 유득공 (1749~?)
정조시대에 활약했던 서얼 출신 실학자이다.

17. 이덕무 (1741~1793)
정종의 서자 무림군의 후손이며, 정조시대에 활약한 서얼 출신 실학자이다.

"전하, 부디 성군이 되소서. 이제 신 홍국영은 산 속에 묻혀 이름 없이 살다 죽겠나이다."

늘어나는 천주교인과 재기하는 노론 벽파

홍국영을 내보낸 정조는 자신이 직접 조정을 주관하면서 규장각을 정권의 핵심적 기구로 키워나갔다. 이 과정에서 정조는 주로 시파를 중용하고 벽파를 멀리했다. 시파는 사도세자의 죽음을 안타까워하던 정치인들을 지칭하던 용어인데, 주로 남인과 소론 및 일부 노론이 여기에 속했고, 벽파는 나머지 노론들로 구성되었다. 영조시대의 노론, 소론, 남인, 북인의 사색당파에서 시파와 벽파의 두 당파로 좁혀진 셈이었다.

정조는 이들 두 파벌을 적절히 이용하며 영조가 구사한 탕평책을 계승하여 조정을 성공적으로 이끌어 갔다. 그러나 천주교인들이 급속히 늘어나면서 조선 조정에 어두운 그림자가 드리워지기 시작했다.

천주교는 영조시대에 조선에 들어왔다. 하지만 영조시대만 하더라도 천주교를 믿는 사람은 극히 소수였기 때문에 별로 사회적인 문제가 되지 않았다. 그런데 정조가 재위한 이후에 천주교인이 기하급수적으로 늘어나 전국적으로 교인 수가 1만 명을 넘게 되었다.

천주교인들이 늘어나자 벽파 세력은 서양 문화가 침입해 조선의 미풍양속을 해치고 있다며 천주교인들을 모두 잡아들일 것을 강력하게 요청했다. 하지만 당시 정조가 지지하고 있던 시파, 그 중에서도 특히 남인 계열의 학자들은 천주교에 대해서 호의적인 입장이었다.

"전하, 천주교는 비록 서양 종교이기는 하나, 천주교 속에는 우리와 다른 발전된 문물이 포함되어 있습니다. 지금 우리가 소유하고 있는 총포도 원래 서양에서 만들어진 것을 일본이 수입한 것입니다. 저들이 앞으로 우리 조선을 향해 밀려들 터인데, 그 전에 우리는 저들의 문명을 익혀 저들을 능가하는 기술을 가져야 할 것입니다."

이렇듯 벽파와 시파가 팽팽하게 맞서자, 정조는 은근히 시파의 편을 들었다.

"무릇 예로부터 우리나라는 전통적으로 남의 종교를 핍박하는 일은 없었소. 저들이 우리의 미풍양속을 해친다는 증거가 없는데 미리 걱정하여 저들을 핍박할 이유는 없다고 봅니다."

하지만 벽파의 반발이 만만치 않았다.

"전하, 우리 조선은 유학 사상에 기초하여 세워진 국가이옵니다. 그런데 저들 천주교는 제사를 거부하고 조상을 섬기지 않는다고 합니다. 이는 곧 유학의 근본인 효를 거부하는 것이니, 저들을 그냥두면 앞으로 큰 환란이 일어날 것이옵니다."

주교요지

정약종이 천주교의 교리를 알기 쉽게 쓴 책이다.

절두산순교박물관 소장

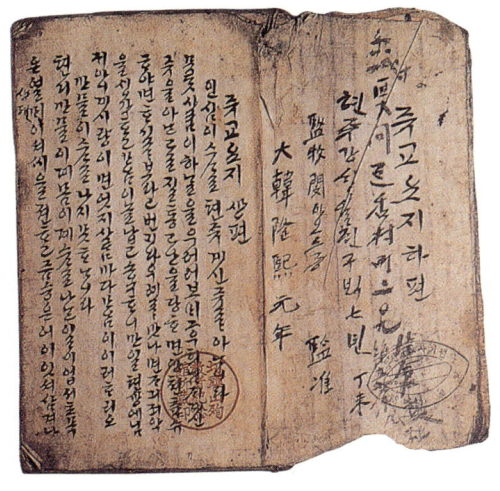

"그렇지만 아직 환란의 징후는 없지 않소. 그리고 우리가 유학을 더욱 진흥시키면 천주교를 믿는 사람들도 자연스럽게 사라질 것이오. 그러니 너무 강하게 저들을 핍박하는 것은 좋은 일이 아닐 것이오."

정조는 그런 식으로 천주교에 대한 벽파의 문제 제기를 피해 가고 있었다. 그런데 1791년에 엉뚱한 사건이 발생하여 정조와 시파 세력을 크게 당황하게 했다.

전라도 진산에 윤지충이라는 양반이 있었는데, 그는 천주교 신자였다. 그런데 윤지충은 어머니가 죽자 천주교 의식에 따라 장례를 치른 것이다.

"나는 천주교도이니 당연히 천주교 의식에 따라 어머니의 장례를 치를 것이다."

윤지충의 말에 윤지충의 친척들이 대거 몰려와 그를 비난하기 시작했다. 하지만 윤지충은 뜻을 굽히지 않았다.

이 문제는 결국 크게 확대되어 조정의 큰 정치 쟁점이 되었다. 벽파들은 당연히 윤지충의 행동을 신랄하게 비판하며 칼날을 세웠다. 이때 벽파의 선봉에 선 인물은 심환지였다.

"동방의 예의지국인 이 나라에서 어떻게 어머니의 장례를 서양의 풍습에 따라 치른단 말입니까? 전하, 이는 나라의 풍습을 어지럽게 하고, 부모를 욕되게 하는 것이므로 중죄로 다스려야 할 것입니다."

하지만 시파의 남인 세력 속에는 천주교인들이 많았다. 특히 천주교인이면서 윤지충의 친척이었던 권상연[18]은 윤지충을 옹

---

18. 권상연 (1751~1791)
정조 재위 시에 일어난 진산사건으로 순교한 천주교인이다.

호하고 나섰다.

"예법이란 시대와 장소에 따라 달라지는 것이며, 개인의 사상과 가치관에 따라 다르게 행할 수 있는 것이오. 윤지충은 천주교인으로서 그가 믿는 종교에 맞는 장례를 치렀는데, 그것이 무슨 문제가 된단 말이오?"

이렇게 하여 조정은 벽파를 중심으로 형성된 공서파와 시파를 중심으로 형성된 신서파로 갈라져 치열한 언쟁을 벌였다. 공서파란 서양 문물을 받아들이는 것을 공격하던 무리를 지칭하고, 신서파란 천주교를 신봉하거나 받아들이는 것에 찬성하는 무리를 지칭하는 것이었다.

이들 두 세력의 다툼은 날이 갈수록 더욱 심해졌는데, 이 때문에 정조는 몹시 고민하였다.

"공서파의 편을 들면 나를 지지하는 젊고 유능한 인재들이 다칠 게 뻔하고, 신서파의 편을 들면 유림들이 가만히 있지 않을 터인데……."

고민에 고민을 거듭하던 정조는 결국 권상연과 윤지충을 희생시키기로 했다. 조선왕조 자체가 유학에 뿌리를 두고 있는 만큼, 정조 또한 천주교인들을 계속 두둔할 수 없었던 것이다.

"권상연과 윤지충을 국문하고, 이들의 죄가 밝혀지는 대로 사형에 처하도록 하라! 또한 백성들 중에 천주교인들을 가려내 모두 잡아들이도록 하라."

이것이 조선에서 천주교도를 대거 죽이고 잡아들인 사건으로 '신해박해'[19]라고 불린다. 신해박해 이후 조정에선 벽파의

19. 신해박해

정조 재위 때인 1791년에 일어난 천주교 박해 사건이다. 이 사건은 전라도 진산의 양반이었던 천주교인 윤지충이 어머니가 사망한 뒤에 제사를 지내지 않고 위패를 불사른 일에서 비롯되었다.

발언권이 크게 강화되었고, 반대로 시파는 궁지에 몰렸다.

그로부터 4년 뒤인 1795년, 중국인 신부 주문모가 몰래 조선으로 잠입하다 붙잡히는 사건이 발생했다.

이 일로 천주교에 대해 매우 호의적인 태도를 보이고 있던 시파, 그 중에서도 남인들이 더욱 궁지에 몰렸다. 천주교 수용에 대해 격렬하게 반대하던 심환지가 먼저 공격에 나섰다.

"이번 일은 필시 천주교를 믿는 자들에 의해 저질러진 일일 것입니다. 조정 대신 중에 천주교를 믿는 자들을 모두 색출하여 중죄인으로 다스려야 할 것입니다."

당시 심환지가 공격하고자 했던 주요 인물은 남인들이었다. 그 중에서도 젊고 유능하여 정조의 총애를 받으며 남인의 핵심 인물로 부상하고 있던 병조참의 정약용이 표적이었다.

"병조참의 정약용은 이번 일을 이미 알고 있었음에도 자신이 천주교도들과 친밀하였기에 눈감아 줬습니다. 또한 그는 천주교 신부 주문모를 만난 사실이 있으니, 그를 국문하여 그 내막을 캐야 할 것입니다."

당시 정약용은 천주교 신자는 아니었지만, 그의 두 형인 정약전[20]과 정약종[21]이 모두 천주교도였고, 절친한 사이였던 이가환과 이승훈[22]도 모두 천주교도였다. 그런 까닭에 정약용은 몹시 난처한 처지가 되었다.

정조가 정약용을 불러 물었다.

"그대는 정녕 천주교도인가?"

"전하, 소신은 천주교에 관심을 가지고 있는 것이 아니라 서

20. 정약전 (1758~1816)
정약용의 형이며, 천주교인이었다. 신유박해가 일어나 흑산도로 유배되었으며, 그곳에서 《자산어보》를 저술했다.

21. 정약종 (1760~1801)
정약용의 형이며, 정약전의 동생이다. 《주교일지》를 저술했다.

22. 이승훈 (1756~1801)
한국 천주교의 창시자 중 한 사람이며, 당대의 정치가 이가환의 외조카이다.

양의 과학과 의학, 천문과 지리 등에 관심을 가진 것뿐입니다."

정조는 정약용을 자신에게 꼭 필요한 인물로 여겼기 때문에 정약용의 죄를 묻는 것이 곤혹스러웠다. 하지만 정약용이 주문모 밀입국 사건에 어느 정도 개입된 것은 사실인 만큼 정조도 죄를 덮어두고 갈 수는 없었다.

결국 정조는 고민 끝에 정약용을 강등시키기로 마음먹었다.

"병조참의(정3품) 정약용을 충청도 금정의 찰방(종6품 벼슬)으로 강등시킨다. 정약용은 즉시 충청도로 떠나라."

그렇게 해서 정약용은 지방으로 쫓겨 갔는데, 정조는 3년 뒤인 1799년에 그를 병조참지[23]로 삼아 다시 조정으로 불러들였다.

그러나 정약용의 복귀에 위협을 느낀 벽파 세력은 크게 반발했다. 이에 정약용은 자신은 천주교도가 아니며 다만 서양의 과학과 기술을 학문적으로 연구하였을 뿐이라고 해명하는 글을 제출했다.

정약용의 해명이 있자, 정조는 대신들을 모아놓고 이렇게 말했다.

"정약용이 서양 학문에 관심이 많다는 것은 이미 알려진 사실이다. 정약용은 지난번 수원 화성을 축성할 때 서양의 역법을 이용하여 거중기[24]를 만들었다는 사실을 그대들도 모두 알지 않느냐. 그러니 정약용의 참지 임명을 더 이상 반대하지 말라."

23. 병조참지
참지는 조선시대에 병조에만 있었던 정3품의 벼슬이다.

24. 거중기
무거운 물건을 들어올리는 데 쓰이는 재래식 기계다.

정약용 초상
개인 소장

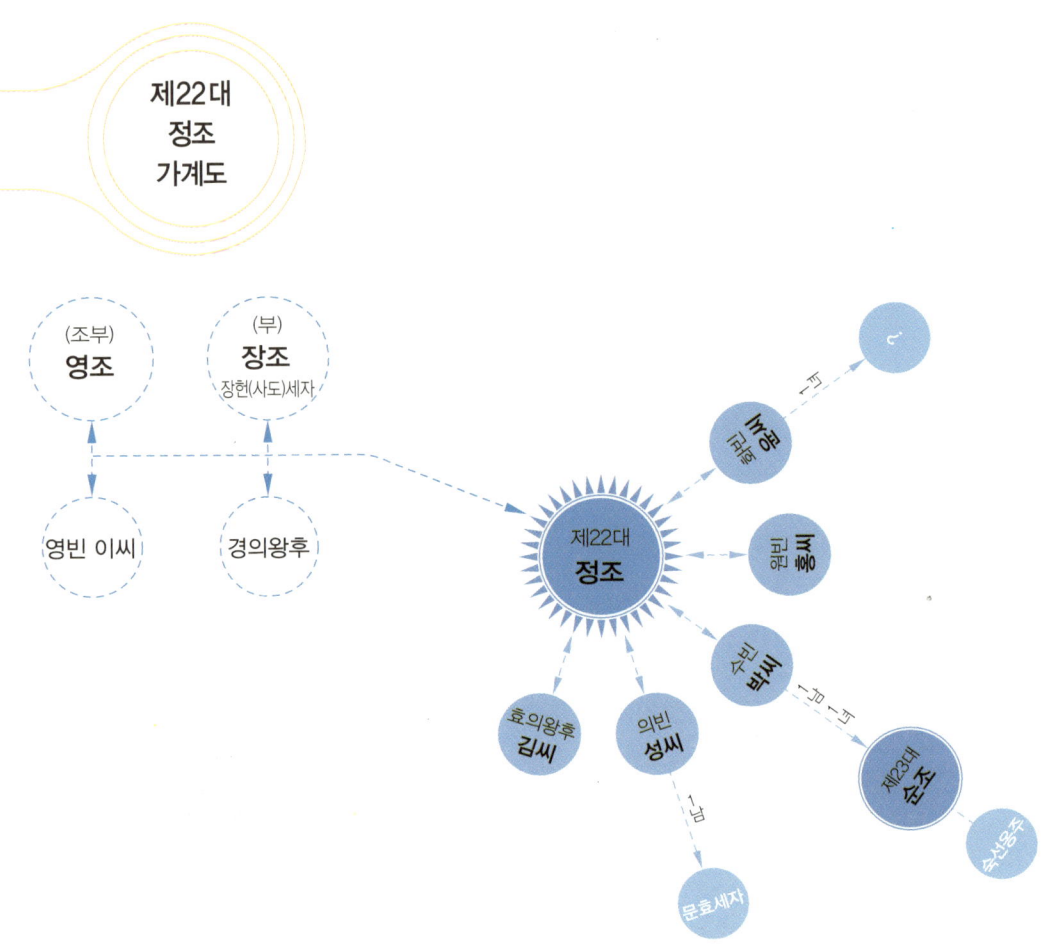

그러나 정약용은 사퇴건의서를 제출하고 고향으로 내려가려 했다. 정조는 정약용의 사퇴서를 반려하며 그를 달랬다. 하지만 정약용의 낙향 의사는 완강했다.

정약용이 고집을 꺾지 않고 낙향을 결행하려 할 때에 정조는 또 한 명의 인재를 잃었다. 그간 정조의 정치를 뒷받침하며 시파를 이끌고 있던 영의정 채제공이 죽은 것이다. 그 때문에 정조는 더 절실하게 정약용을 붙잡았다.

"정약용, 어찌하여 그대마저 내 곁을 떠난단 말인가? 이제 채제공도 죽고 없는데, 그대마저 떠나면 조정은 온통 벽파의 세상이 되지 않겠는가? 제발 내 곁에 남아주게."

그러나 정약용은 그런 정조의 간절한 염원을 뿌리치고 1800년 봄, 낙향해 버렸다.

정조는 다시 정약용에게 사람을 보냈다.

'그대는 어찌하여 과인의 마음을 이토록 아프게 만드는가? 그대가 진정 나라를 생각한다면 즉시 올라오라!'

정조의 간절한 편지를 받고 정약용은 다시 조정으로 올라왔다. 그러나 이때 정조는 이미 심한 지병에 시달리고 있었다. 정조의 몸에 큰 종기가 있었는데, 이 무렵에 종기가 더욱 심해졌

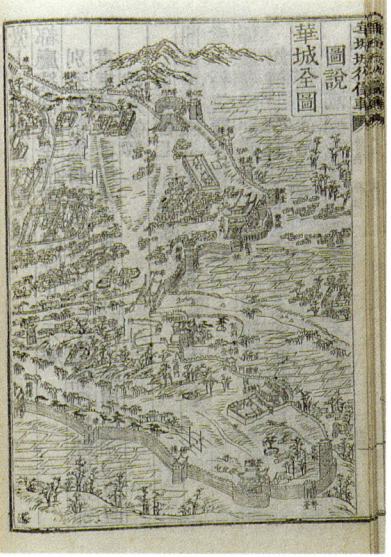

화성 전도

《화성성역의궤》에 있는 화성 전도이다.

규장각 소장

고, 불행하게도 1800년 6월 급작스럽게 생을 마감하고 말았다.

정조의 죽음과 관련하여 벽파 쪽에서 독살했다는 설이 제기되고 있지만, 아직까지 정조가 독살되었다는 증거는 발견되지 않았다.

정조의 급작스런 죽음은 곧 벽파 세력의 재기를 의미했고, 이는 다른 한편으로 시파들의 시련을 예고하고 있었다.

정조의 생애

정조는 사도세자(장조)의 둘째 아들이며 혜빈 홍씨 소생으로, 1752년 9월 22일에 태어났다. 이름은 산, 자는 형운이다. 원래 사도세자에겐 장남 의소 세손이 있었으나 의소가 1752년에 어린 나이로 죽었기 때문에 그가 1759년에 왕세손에 책봉되었다. 1762년에 아버지 사도세자가 뒤주에 갇혀 죽자, 횡사한 영조의 서자 중 첫째 아들 효장세자에게 입적되어 왕위 계승권자가 되었다. 1775년에는 82세의 연로한 영조를 대신하여 대리청정을 했고, 이듬해 3월에 영조가 죽자, 25세의 나이로 왕위에 올랐다.

정조의 즉위 과정은 순탄치 않았다. 사도세자의 죽음을 당연시한 노론의 반대가 만만치 않았기 때문이다. 특히 홍인한과 화완옹주, 그리고 정후겸 등에게 조직적인 흉계와 모함에 시달려야 했다. 그들은 심지어 왕위 계승에 관한 영조의 전교를 쓰지 못하도록 승지를 압박하는 짓까지 자행했지만, 정조는 병석에 누워 있던 영조의 확고한 의지에 힘입어 왕권을 대행했고, 결국 왕위에 올라 정적들을 제거했다.

그는 즉위하자 곧 규장각을

정조 어진
수원 화령전 소장

설치해 인재를 모았고, 그들을 근위 세력으로 삼아 과감한 개혁 정치를 구사하려 했다. 하지만 힘이 미약했던 초기엔 자신이 전면에 나서지 않고 홍국영을 앞세워 정적들을 제거하고 자신의 입지가 다져진 뒤에야 비로소 정치 일선에 나서는 치밀하고 조심스런 태도를 보였다.

하지만 그는 막상 정국의 주도권을 쥐게 되자, 규장각을 확대해 개혁적인 인물을 대거 영입하고 왕권의 안정에 주력했다.

정조는 남인 세력과 친숙했고, 박제가 등의 서얼 출신 개혁 세력의 주장에 귀를 기울였다. 이들은 대개 상업을 중시하고 실용적인 학문을 추구했기에 정조시대의 정책은 자연스럽게 실용적이고 현실적인 방향으로 흘렀다. 때문에 당시 밀려들고 있던 서구 문화에 대해서도 호의적인 태도를 보였다.

그러나 천주교가 밀려들고, 천주교도들이 조상의 위패를 불사르는 극단적인 행동을 보임으로써 신해박해를 유발하였다. 이는 정조와 실학파 중심의 남인 정권의 입지를 크게 위축시켰다. 거기에 중국인 신부 주문모의 밀입국 사건까지 겹쳐 서구 문화에 호의적인 입장을 취했던 정조는 궁지에 몰렸고, 노론 벽파의 입김은 크게 강화되었다.

설상가상으로 그런 와중인 1800년 6월 28일, 개혁군주 정조가 생을 마감하는 바람에 조선은 순식간에 수구 세력인 노론 벽파의 세상이 되고 말았다. 정조 재위 24년 3개월이었고, 그의 나이 49세였다.

조정에서 처음엔 정종의 묘호를 올렸으나, 고종시대에 선황제로 추존하면서 정조로 개칭했다. 여기에 시호가 합쳐져 '정조문성무열성인장효대왕(正祖文成武烈聖仁莊孝大王)'이라 하였다.

능은 경기도 화성에 마련되었으며, 능호는 건릉이다.

그는 정비 1명과 후궁 4명을 두었으며, 그들에게서 서자, 서녀 2남 2녀를 얻었다.

정조의 왕비

효의왕후 김씨 (1753~1821)

효의왕후는 마음이 깊고 성격이 온후하였으며, 검소하고 깔끔한 성격의 왕후였다.

청풍 김씨 시묵의 딸인 그녀는 1753년 12월 3일 가회방 사저에서 태어났으며, 1762년 10세 때 세손비로 책봉되어 정조와 어의동 본궁에서 가례를 올렸다. 1776년 정조가 왕위에 오르자 중전이 되었다.

왕비에 오른 뒤로도 일체 외척의 편에 서지 않았고, 함부로 친정 사람들을 궁중에 들이지 않았으며, 궁중의 재물을 사가에 내주는 법도 없었다. 또한 정사에는 일체 간섭하지 않았고, 인사 문제에 있어서도 어떠한 언급도 하지 않았다.

정조의 생모 혜빈 홍씨를 극진히 모셔 효부라는 소리를 들었다. 그녀는 예순이 넘은 시절에도 혜빈의 약 시중을 들었으며, 직접 반찬을 맛보고 올렸다.

정치적으론 정조를 죽이려던 시고모 화완옹주 세력으로부터 많은 공격을 받았으나 그녀는 미동도 하지 않았고, 반격을 가하는 일도 없었다. 그야말로 그녀는 도 닦듯이 궁중 생활을 했던 것이다.

그녀는 1821년 3월 9일 69세를 일기로 세상을 떴다. 소생은 없었으며, 능은 경기도 화성의 건릉이다.

제23대 순조실록

세도정치에 시달린 순조

어린 순조의 즉위와 안동 김씨의 세도정치

정조의 갑작스런 죽음은 조선 사회에 엄청난 변화를 가져왔다. 서양의 문명에 대해 비교적 호의적이었던 정조가 죽자, 11세의 어린 군주 순조가 즉위했고, 어린 왕을 대신하여 영조의 계비이며 대왕대비였던 정순왕후가 수렴청정을 시작했다.

벽파 가문에서 시집 온 정순왕후는 옥새를 거머쥐자, 지난날 정조 시절에 당한 설움을 갚아주겠다며 시파 세력들을 대거 몰아낼 계획을 세웠다.

정순왕후는 곧바로 6촌 오빠인 김관주[1]를 이조참판에 앉힌 뒤, 심환지[2]가 이끌고 있던 벽파 세력을 대거 등용했다. 김관주는 시파를 이끌고 있는 남인 세력들 상당수가 천주교도라는 것

순조시대의 세계 약사

청나라와 일본은 밀려오는 서양 세력의 문호 개방 요구에 직면해 있었던 반면에, 유럽은 한동안 나폴레옹의 통치 하에 들어가게 되었다. 한편 17, 18세기에 서구 열강들의 식민지로 전락했던 나라들은 각자 독립의 기틀을 마련하느라 분주했으며, 남아메리카의 많은 나라들이 이때 독립했다. 한편 산업혁명의 여파로 과학 문명이 발달하여 증기기선과 증기기관차가 발명되었고, 운송의 혁신을 가져오는 교통 수단인 철도가 놓여 본격적인 자본주의 상공업 체제로 돌입하게 되었다.

을 파악하고 천주교 탄압을 통해 시파 세력을 제거할 계획을 세웠다.

정순왕후는 곧 천주교도를 모두 잡아들이라는 교지를 내렸다. 그러자 군대와 포졸이 동원되어 전국 방방곡곡을 뒤져 천주교인 수만 명을 잡아들여 죽였다. 이때 죽은 사람들 중에는 진짜 천주교 신자도 있었지만, 애매하게 연루되어 죽은 사람도 많았다. 김관주는 천주교도는 물론 그 형제, 친척까지 잡아들이고 천주교와 조금이라도 관계가 있는 자는 모두 죽여 버렸다.

대대적인 천주교 탄압책을 쓰면서 벽파 정권은 시파의 핵심 인물들을 대거 죽이거나 유배시켰다. 이때 숙청된 사람들은 이가환, 권철신[3], 이승훈, 정약종, 정약전 등의 촉망받던 유능한 정치인들이었다.

1801년에 일어난 이 천주교도 살육 사건을 일러 '신유사옥' 또는 '신유박해'[4]라고 부른다. 이후 조정은 벽파들이 완전히 장악했다. 그러나 조정에서 시파가 완전히 사라진 것은 아니었다. 당시 시파의 마지막 보루는 김조순[5]이라는 인물이었다. 그는 벽파의 무차별적인 시파 제거 작업에도 불구하고 가까스로 목숨을 부지할 수 있었다.

김조순은 자신의 딸을 순조의 왕비로 책봉하는 데 성공했는데, 여기엔 우여곡절이 있었다. 김조순의 딸은 1800년에 초간택과 재간택을 거쳐 삼간택만 통과하면 세자빈으로 간택될 처지였다. 그런데 그녀를 세자빈으로 거의 확정한 상태에서 정조가 갑작스럽게 죽었던 것이다. 그 후, 조정을 장악한 벽파 세력

1. **김관주** (1743~1806)
영조의 계비 정순왕후의 아버지 김한구의 사촌동생 김한록의 아들이다.

2. **심환지** (1730~1802)
정조, 순조시대 노론 벽파의 선봉에 선 인물이다. 1771년에 문과에 급제하여 영조시대에는 사헌부, 홍문관 등에 주로 근무하며 매우 강경한 발언을 하였고, 그 일로 몇 차례 유배되기도 했다.

3. **권철신** (1736~1801)
권근의 후손이며 성호 이익의 학문을 이었고, 천주교인이다.

4. **신유박해**
1801년 신유년에 일어난 천주교인 말살 사건이다.

5. **김조순** (1765~1832)
영의정을 지낸 노론의 영수 김창집의 4대손이며, 순조의 왕비 순원왕후의 아버지다.

과 정순왕후는 김조순이 시파라는 이유로 그의 딸을 왕비로 받아들이지 않으려 했다.

벽파를 이끌고 있던 이들의 주장과 달리 종친들의 생각은 달랐다. 그들은 사실상 왕비로 거의 간택된 김조순의 딸을 받아들이지 않으면 예법에 어긋나서 왕실의 체면이 무너진다고 생각했다.

종친들은 그런 의견을 모아 정순왕후에게 전달했다. 정순왕후는 종친들의 의견을 듣고 매우 난처해졌다. 이럴 수도 저럴 수도 없는 형편에 놓인 셈이었다.

이때 김조순이 대비를 찾아왔다.

"마마, 소신은 당파에는 관심이 없습니다. 소신이 생각하는 것은 오직 나라의 장래와 왕실의 안녕이옵니다. 소신을 믿고 소신의 딸을 궁궐로 받아 주소서."

정순왕후는 김조순의 말을 들으면서 그가 시파 인물임에도 불구하고 정조 시절에 가끔 벽파의 편을 든 것을 떠올렸다.

"신의 딸은 이미 재간택을 치르고, 삼간택도 거의 확정적인 처지여서 만약 궁궐에 들어오지 않으면 평생 시집도 가지 못하고 처녀로 늙어야 합니다. 마마께서 은혜를 베풀어 주소서."

한편, 조정에서는 왕비의 삼간택을 두고 대신들 간에 의견이 분분했다. 그러자 김관주가 나서서 단호하게 말했다.

"아직 정조대왕의 3년상도 끝나지 않았소이다. 그러니 삼간택은 3년상이 끝난 후에 논의해도 늦지 않을 것이외다."

그러나 나머지 벽파 세력은 함부로 김관주의 견해를 지지하

> **간택**
> 왕실에서 혼인을 치르기 위해 혼인 후보자들을 궁궐 내에 모아 놓고 왕의 배우자를 뽑던 제도. 이는 조선시대에 한정된 개념이다.

지 못했다. 벽파를 이끌고 있던 심환지는 대신들 속에서 고민에 고민을 거듭하며 혼자 이런 생각을 하고 있었다.

'지금 자칫 김관주의 의견에 동조했다가 자칫하면 왕의 삼간택을 방해했다는 죄를 뒤집어쓸 수도 있다. 그리고 김조순은 비록 시파 인물이긴 하나 그간 중립적인 태도를 취한 적이 많지 않은가.'

그렇게 심환지가 망설이고 있는 사이, 대신들은 드디어 왕비를 간택하기 위한 삼간택을 진행하기로 결정했다. 그리고 1802년 2월, 김조순의 딸은 마침내 왕비로 책봉되었다.

그로부터 2년 뒤인 1804년에 왕이 15세가 되자, 몸이 쇠약해진 정순왕후는 수렴청정을 거뒀고, 바야흐로 순조의 친정이 시작되었다.

순조의 친정이 시작되자, 김조순은 그간 숨겨왔던 이빨을 드러내며 서서히 조정을 장악했다. 다만 정순왕후가 죽을 때까지는 신중하게 처신하려고 했다. 그런 김조순의 바람대로 정순왕후는 1805년, 마침내 숨을 거두었다.

벽파의 기둥이었던 정순왕후가 죽자, 김조순은 곧장 정순왕후의 최측근이었던 김관주를 공격했다.

"전하, 김관주는 왕비의 삼간택을 방해하여 왕실의 예법을 무너뜨리고자 했던 자이옵니다. 중죄로 다스려 다시는 이런 일

6. 김이익 (1743~1830)
안동 김씨이며, 1785년에 문과에 급제하여 벼슬을 얻었다.

7. 김이도 (1750~1813)
안동 김씨이며, 정조 24년에 급제하여 관직에 나왔다. 한 때 시파로 몰려 유배되었으나 이듬해에 풀려났다. 안동 김씨 중에 비교적 처신이 올바르다 하여 다른 사람들이 믿고 따랐다.

이 재발하지 않도록 하소서."

김조순의 그 말 한 마디에 김관주는 귀양가는 신세가 되었고, 귀양지에서 병을 얻어 죽고 말았다.

이렇게 되자, 김조순은 벽파 세력들을 조정에서 대거 몰아낸 뒤, 이렇게 말했다.

"전하, 신은 왕의 장인인 국구로서 조정에서 물러나는 것이 옳다고 보옵니다."

"그게 무슨 말씀이오. 경이 옆에서 과인을 지켜 줘야 하지 않겠소?"

"전하, 신이 전하 곁에 있으면 백성들이 외척이 조정을 마음대로 한다고 욕할 것이옵니다."

결국, 김조순은 자신의 뜻대로 물러났다. 하지만 그는 조정의 중요한 자리엔 김이익[6], 김이도[7], 김달순, 김명순 등 안동 김씨들로 가득 채워 놓았다.

이들 안동 김씨 외척 세력이 판서와 정승, 참판 등 조정의 요직들을 다 차지해 버리니, 그 어느 누구도 감히 안동 김씨 신하들을 공격하지 못했다. 말하자면 안동 김씨를 견제할 세력이 전혀 없었던 것이다. 이때부터 안동 김씨가 독재를 하기 시작했다.

이런 안동 김씨의 독재 정치를 흔히 '세도정치'라고 한다. 세도(世道)란 원래 '세상을 바르게 다스리는 도리'라는 뜻인데, 중종시대의 조광조가 내세웠던 통치 원리였다. 그런데 정조시대에 홍국영이 조정의 대권을 위임받아 마음대로 권력을 남용하면서 '왕의 총애를 받는 신하나 외척들이 독재 정치를 하는 것'을 일컫는 말로 변질되었던 것이다.

홍경래[8]의 난과 이어지는 민란

안동 김씨의 독재가 이어지면서 조정은 부정과 부패로 넘쳐나기 시작했다. 안동 김씨 세력은 자기 가문만을 생각하여 뇌물을 받고 부정을 저질러 돈을 모았고, 이를 위해 관직을 팔아먹곤 했다.

부정과 부패가 넘쳐나자, 나라의 재산이 모두 안동 김씨에게 집결되고, 반대로 국고는 텅텅 비어 버렸다.

국가를 이끌어가는 조정이 이렇게 썩어버리자, 지방의 관리들도 함께 썩어갔다. 조선 8도에 탐관오리가 들끓었는데, 이들은 갖은 수단을 동원하여 백성들의 재산을 빼앗아갔다. 돈이 없으면 쌀을, 쌀이 없으면 자식까지 빼앗았다.

이쯤 되자, 전국 각지에서 농민들이 민란을 일으켰다. 백성들의 원성도 극에 달했다. 이때 평안도에서 홍경래가 반란을 일으켰다.

"이제 더 이상 저 탐관오리의 약탈과 도둑질을 참고 살지 맙시다. 백성의 피를 짜고 살을 잘라가는 왕이 무슨 왕입니까? 저

8. 홍경래 (1771~1812)

양반 출신으로 일찍부터 과거제도의 모순을 비판하고 안동 김씨 독재에 환멸을 느꼈다. 그는 혁명을 준비한 지 20여 년 만인 1811년에 마침내 거사를 단행했고, 순식간에 가산과 곽산 등 7개 읍을 점령하는 데 성공했다. 그러나 박천과 송림 전투에서 패배한 후 정주성에 군력을 집결하고 최후의 항전을 벌였으나 4개월 만에 패배하고 말았다.

조선사 이야기

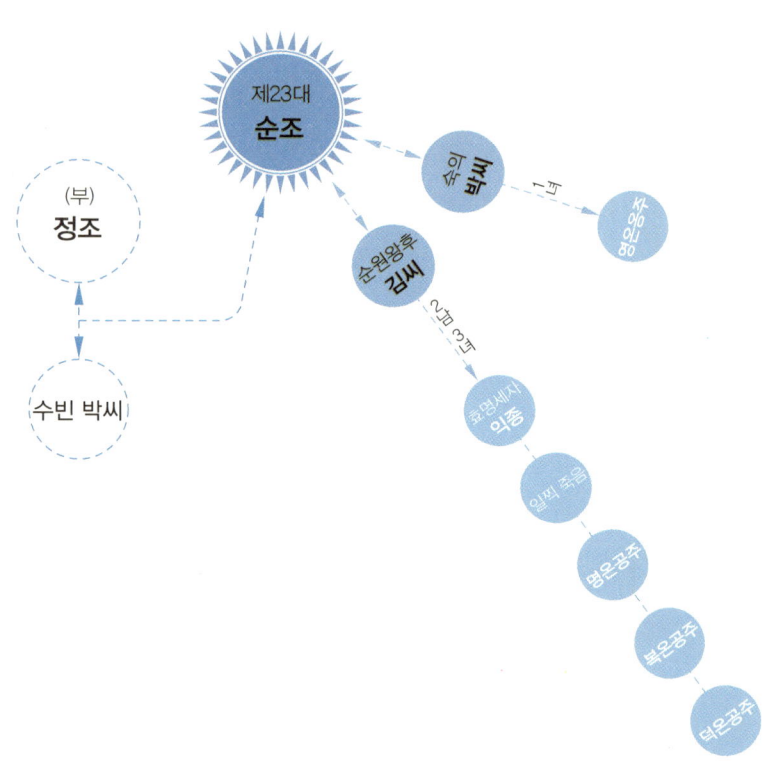

제23대 순조 가계도

(부) 정조 — 수빈 박씨

제23대 순조 — 후궁 — 영온옹주

순조 — 순원왕후 김씨 — 2남 3녀
- 효명세자 익종
- 일찍 죽음
- 명온공주
- 복온공주
- 덕온공주

들 탐관오리와 안동 김씨의 씨를 말리고 새로운 세상을 만듭시다."

홍경래는 곧 광산노동자와 가난한 농부, 그리고 집과 재산을 잃고 떠돌던 백성들을 주력부대로 삼고서 스스로를 평서대원수라고 칭하고, 각 지역에 격문을 띄워 봉기를 일으켰다.

홍경래는 봉기한 지 10일 만에 가산, 정주 등 청천강 이북 10개 지역을 장악했다. 홍경래의 난으로 조정은 발칵 뒤집혔다.

"도대체 경들은 무엇을 했기에 백성들이 민란을 일으킨단 말이오?"

"전하, 저들은 산적과 같은 자들일 뿐, 결코 양민들은 아니옵니다. 곧 토벌대를 보내 모두 응징할 것이니, 염려치 마소서."

그러나 안동 김씨의 생각처럼 홍경래의 난은 쉽게 끝나지 않았다. 그리고 많은 백성들의 호응도 받았다. 그러나 관군의 대대적인 공격을 이겨내지는 못했다.

관군이 본격적으로 토벌 작전을 시작하자, 홍경래의 군대는 후퇴를 거듭하다가 급속히 세력이 약화된 채로 정주성을 마지막 보루로 삼고 항전했다. 이들의 항전은 무려 4개월 동안 계속 이어졌지만, 병력과 병기의 열세로 무너지고 말았다.

그러나 홍경래의 난이 진압된 뒤에도 전국 각처에서 크고 작은 민란이 끊이지 않았다. 거기다 1821년엔 서부 지역에 전염병이 크게 돌아 무려 10만 명의 백성들이 목숨을 잃었다.

순조는 이런 혼란의 원인이 안동 김씨의 독재라고 판단하고, 그들의 독재를 막기 위해 1827년에는 효명세자[9]에게 대리청정을 하게 했다. 세자에게 왕권을 넘겨주고 세자빈의 아버지 조만영[10]과 풍양 조씨로 하여금 안동 김씨를 견제토록 하기 위한 고육책이었다. 그러나 풍양 조씨 또한 세도정치를 일삼는 바람에 순조의 그런 견제책은 실패로 돌아갔다.

결국, 순조는 안동 김씨와 풍양 조씨의 외척 세도정치에 시달리다가 1834년에 45세를 일기로 세상을 떠났다.

9. 효명세자 (1809~1830)
순조의 장남이며, 1809년 8월 순원왕후에게서 태어났다. 1812년 만 3세 때 왕세자에 책봉되었다.

10. 조만영 (1776~1846)
순조의 아들 효명세자(익종)의 장인이며, 익종의 왕비 신정왕후 조씨의 아버지로 풍양 조씨 세도정치의 토대가 된 인물이다.

순무영진도
홍경래의 난을 진압한 정부군의 모습을 그린 그림이다.
규장각 소장

순조의 생애

순조는 정조의 서자 중 차남으로 수빈 박씨 소생이다. 1790년 6월 18일에 창경궁 집복헌에서 태어났다. 이름은 공, 자는 공보다. 1800년 1월에 정조의 왕비 효의왕후가 그를 양자로 삼아 세자에 책봉했고, 그 해 7월에 정조가 죽자 11세의 어린 나이로 왕위에 올랐다.

너무 어린 나이로 즉위했기 때문에 그는 영조의 계비 정순왕후의 수렴청정을 받아야 했다. 정순왕후는 벽파인 공서파와 결탁하여 천주교를 핍박했고, 결국 신유박해를 일으켜 외교분쟁으로 비화되었다.

그는 15세가 되었을 때 친정을 시작했는데, 이때부터 그의 장인 김조순이 조정을 좌지우지했다. 김조순은 천주교에 대한 강경한 입장을 고수하여 을해박해를 일으켰고, 이 일로 전국에서 수만 명이 목숨을 잃었다.

당시 조정은 김조순 일파인 안동 김씨가 권력을 장악하여 독재를 일삼았고, 견제 세력이 없던 탓에 정치는 극도로 부패하기 시작했다. 그 여파로 지방에서는 탐관오리가 판을 치며 백성들을 수탈했고, 관리들의 착취에 견디지 못한 백성들의 불만이 쌓여 민란이 일어나기 시작했다. 민란의 시발점은 홍경래의 난이었다. 홍경래의 난이 진압된 이후에도 곳곳에서 크고 작은 민란이 지속되어 조선은 망국의 길로 접어들었다.

순조는 안동 김씨의 독재를 막기 위해 풍양 조씨 가문에서 세자빈으로 맞아들이고, 효명세자에게 서무결제권을 넘겨주었다. 하지만 풍양 조씨도 안동 김씨처럼 독재를 자행하여 민심은 한층 더 악화되었다.

안동 김씨와 풍양 조씨의 독재 권력을 극복하려 했던 순조는 끝내 정치적인 결실을 보지 못하고 1834년 11월 13일 45세를 일기로 생을 마감했다.

조정에서 순종의 묘호를 올렸으나 헌종시대에 돈녕부지사 이학수의 상소로 순조로 개칭되었다. 시호를 성효라 했는데, 이에 여러 시호가 합쳐져 '순종연덕현도경인순희체성응명흠광석경계천배극융원돈휴문안무정헌경성효대왕(純宗淵德顯道景仁純禧體聖凝命欽光錫慶繼天配極隆元敦休文安武靖憲敬成孝大王)'이라 하였다.

능은 서울시 강남구 내곡동에 마련되었으며, 능호는 인릉이다.

그는 정비 1명과 후궁 1명에게서 적자, 적녀 2남 3녀, 서녀 1녀를 얻었다.

순조의 왕비

순원왕후 김씨 (1789~1857)

순원왕후는 안동 김씨 외척 독재의 근원이 된 왕비다. 순조의 친정과 함께 시작된 안동 김씨 가문의 세도정치는 시간이 지나면서 독재의 경향을 띠었고, 이는 조선의 멸망을 가속화시켰다.

순원왕후는 안동 김씨 조순의 딸이며, 1789년에 태어났다. 김조순은 원래 시파 출신으로 정조를 지지하던 인물이었다. 정조가 살아있을 당시인 1800년에 그녀의 딸이 초간택과 재간택을 거쳐 세자빈 후보가 되었는데, 그 해 7월에 급작스럽게 정조가 죽는 바람에 삼간택이 미뤄졌다.

김조순이 시파계 인물이었기 때문에 정조의 죽음으로 정권을 장악한 벽파계 세력은 그의 딸을 왕비로 받아들이는 것을 반대했다. 하지만 김조순은 스스로 벽파에게 고개를 숙였고, 덕분에 수렴청정을 하며 벽파계를 이끌고 있던 정순왕후(당시 대왕대비)의 승낙을 얻어내 딸을 순조의 왕비로 삼는 데 성공했다. 순원왕후가 왕비가 된 배경엔 김조순이 정조 시절에 당론을 떠나 다소 중립적인 견해를 내놓은 점이 작용했다.

순원왕후가 왕비에 오른 것은 1802년이었고, 그로부터 3년 동안 정순왕후의 수렴청정은 지속됐다. 이 기간 동안 김조순은 벽파에 고개를 숙이고 몸을 사린 덕분에 목숨을 부지했다. 그리고

1805년에 순조가 친정을 시작하자, 드디어 본색을 드러내고 순원왕후의 왕비 책봉을 방해했던 김관주 등 정적들을 제거하기 시작했다. 이후로 김조순은 김이익, 김이도, 김달순, 김명순 등 안동 김씨 세력을 대거 조정으로 끌어들여 외척 세도정치를 본격화했다.

 안동 김씨 가문의 독재는 국가의 기강을 무너뜨리고, 신분 질서를 급속도로 깨뜨려 왕조 사회의 위기를 자초했고, 그것은 급기야 홍경래의 난과 같은 대규모 민란을 유발했다.

 순조는 이런 상황을 타개하기 위해 조만영의 딸을 세자빈으로 맞아들여 안동 김씨를 견제하려 했으나, 그것은 풍양 조씨에 의한 또 다른 세도정치를 낳았을 뿐이었다.

 1834년에 순조가 죽자, 순원왕후는 왕대비가 되었다. 그로부터 15년 가까이 지속된 풍양 조씨 정권 아래에서 그녀는 숨을 죽이고 재기의 기회를 노리고 있다가 1849년에 헌종이 죽자, 재빨리 강화도령 이원범(철종)에게 왕위를 잇게 하여 안동 김씨에게 권력을 안겨줬다.

 그녀는 1857년 8월 4일에 창덕궁에서 죽었다.

 능은 인릉으로 서울시 강남구 내곡동에 있다.

 소생으로는 효명세자와 일찍 죽은 아들 하나, 명온, 복온, 덕온 세 공주 등 2남 3녀가 있다.

제24대 헌종실록

가장 어린 나이로 왕위에 오른 헌종

헌종시대의 세계 약사

청나라는 영국과의 아편전쟁으로 일대 혼란을 겪었고, 이를 계기로 서구 열강들과 속속 통상 조약을 맺었다. 일본은 빈번해지는 이양선의 출몰에 대비해 해안 수비를 강화하는 등 서구 열강들과의 교류를 준비했다.
유럽에서는 스페인, 포르투갈, 프랑스, 오스트리아 등지에서 혁명이 발발하면서 근대 국가로 가는 데 박차를 가했다. 한편 자본주의의 발전 과정에서 생겨난 임금 노동자들을 위한 노동자협회가 결성되고 마르크스, 엥겔스에 의한 공산주의 이론이 만들어졌다.

헌종의 즉위와 조선 사회의 총체적 위기

순조가 죽은 뒤에 새로운 왕으로 즉위한 사람은 8세의 어린 세손이었다. 순조의 세자 효명세자가 일찍 죽는 바람에 순조를 이어 그의 손자가 왕위에 올랐으니, 그가 바로 가장 어린 나이로 왕위에 오른 헌종이다.

나이 어린 헌종이 즉위하자, 순조의 왕비인 대왕대비 순원왕후가 수렴청정을 했다. 순원왕후는 김조순의 딸로 역시 안동 김씨였다. 따라서 순원왕후의 수렴청정은 곧 안동 김씨가 독재를 지속하는 것을 의미했다. 안동 김씨의 권세는 왕을 발아래 두는 듯 했다.

이런 상황에서 순원왕후는 천주교에 대해 더욱 가혹한 결단을 내렸다. 이른바 천주교 금지령이 떨어진 것이다. 그러자 전국 각처에서 일제히 수색이 벌어져 천주교인과 신부들을 마구 잡아들이기 시작했다.

1839년 기해년에 일어난 천주교에 대한 이 대대적인 참살 사건을 흔히 '기해박해'[1] 라고 한다. 이때 조선에는 앙베르, 샤스탕, 모방 등 프랑스의 신부들이 들어와 있었는데, 이들은 모두 붙잡혀 사형되었다. 그리고 유진길, 정하상 등 수많은 천주교 신자들이 처형되었다.

그렇게 한바탕 천주교도 소탕전이 끝난 1840년, 안동 김씨 독재의 기둥이었던 순원왕후가 수렴청정을 끝내고 헌종의 친정이 시작되었다.

하지만 그때 헌종의 나이는 불과 14세였다. 때문에 왕권은 헌종의 어머니인 조대비(신정왕후 조씨)가 행사했다.

헌종의 어머니는 효명세자(익종)의 세자빈이었던 조만영의 딸이었다. 그녀는 효명세자가 왕위에 오르지 못하고 죽는 바람에 왕비에 오르지 못했지만, 아들 헌종이 왕위에 오른 덕분에 대비가 될 수 있었다. 이로써 풍양 조씨가 다시 권세를 얻기 시작했다.

조대비는 아버지인 조만영에게 어영대장과 훈련대장을 겸하게 하고, 삼촌 조인영[2]과 사촌 조병헌[3], 남동생 조병구[4] 등을 조정의 요직에 임명했다. 이렇게 되자, 조정은 점점 풍양 조씨가 장악하게 되었다.

---

1. 기해박해
헌종 5년인 1839년에 일어난 천주교 박해 사건으로 기해사옥이라고도 한다.

2. 조인영 (1782~1850)
조만영의 아우로 풍양 조씨 가문의 대표적 인물이다.

3. 조병헌 (1803~?)
조만영과 조인영의 동생인 조종영의 아들이다.

4. 조병구 (1801~1845)
조만영의 아들이자, 익종의 비 신정왕후 조씨의 오빠다.

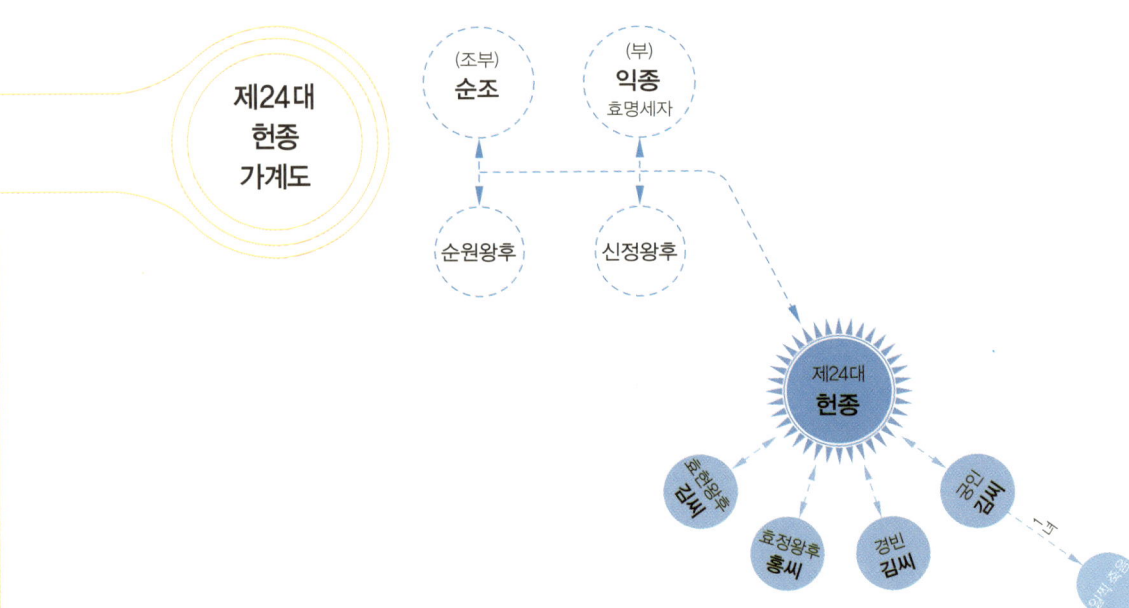

이양선
외국 배를 일컫는 말로 조선시대에는 주로 서양인의 배를 가리킨다.

5. 종주국
종속국에 대해 일정한 힘을 행사하는 나라. 조선시대 이전에는 힘이 강한 나라가 종주국이 되어 주변국으로부터 조공을 받았다.

이렇듯 풍양 조씨와 안동 김씨 외척이 서로 권력 다툼에만 혈안이 되어 있을 때, 백성들에 대한 관리들의 수탈은 점점 심해졌다. 이 때문에 고향을 떠나 전국을 떠돌아다니는 유랑민의 숫자가 급속히 늘어났다. 이에 따라 전국 어디를 가도 거지들이 떼로 몰려 다녔다.

이처럼 사회가 어수선하고, 백성들은 죽지 못해 살고 있었지만, 조정에선 오로지 외척들 간의 권력 다툼이 있을 뿐이었다.

1846년에 풍양 조씨의 거두 조만영이 병으로 죽자, 안동 김씨는 마침내 권력을 되찾기 위해 반격에 나섰다.

안동 김씨와 풍양 조씨가 뒤엉켜 싸우고 있을 때, 나라 바깥에선 큰 변화가 일어나고 있었다. 동양의 종주국⁵이라고 자랑

하고 있던 중국에는 영국, 프랑스 등의 서구 세력이 들어와 호시탐탐 중국 땅을 노리고 있었고, 일본에는 미국 군함이 들어와 수교를 강요하고 있었다.

그런 서구 열강 세력은 어느덧 조선에도 밀려들었다. 1848년에는 서양의 배들이 경상도, 전라도, 황해도, 강원도, 함경도, 제주도 등에 나타나 조선 백성들을 불안에 떨게 했다.

하지만 국제 정세가 무섭게 변하고 있는데도 조선 조정의 양반들은 안동 김씨 패와 풍양 조씨 패로 갈려 권력 다툼만 일삼고 있었다.

헌종은 이 세력의 틈바구니에 끼어 어쩔 줄을 몰랐다. 헌종은 그야말로 허수아비에 불과했던 것이다. 그저 물결치는 대로 살 수밖에 없었던 고통스런 삶을 살던 그는 결국 중압감을 이기지 못하고 1849년에 23세의 젊은 나이로 요절하고 말았다.

죽을 당시 그에겐 젖먹이 아들조차 한 명 없었으므로, 후계자도 없이 죽은 셈이었다. 안동 김씨들은 그런 사실을 이용해 또다시 독재를 꿈꾸었다.

헌종의 생애

헌종은 순조와 순원왕후의 장남인 효명세자의 장남으로 신정왕후 조씨 소생이다. 1827년 7월 18일에 창경궁 경춘전에서 태어났으며, 이름은 환, 자는 문응, 호는 원헌이다. 1830년에 왕세손에 책봉되었는데, 그 해에 아버지 효명세자가 죽었다. 그런 탓에 1834년에 할아버지 순조가 죽자, 8세의 어린 나이로 왕위에 올랐다.

너무 어린 나이에 왕위에 올랐기 때문에 그는 순조의 왕비 순원왕후의 수렴청정을 받아야 했다.

순원왕후는 그가 15세 되던 1841년에야 섭정을 멈추고 그에게 친정을 시켰고, 그 여파로 안동 김씨의 힘이 약화되고 풍양 조씨의 힘이 강화되었다. 헌종의 어머니 조대비의 부친인 조만영이 풍양 조씨들을 대거 요직에 앉혔기 때문이다. 그러나 1846년에 조만영이 죽으면서 다시 안동 김씨의 세력이 확대되었고, 급기야 안동 김씨의 절대 권력이 형성되기에 이르렀다.

이렇게 되자, 곳곳에서 역모 사건이 발발하였고, 설상가상으로 바다에는 이양선이 출몰하여 민심을 크게 동요시켰다.

헌종은 그 와중인 1849년 6월 6일에 23세를 일기로 생을 마감했다.

조정에서 헌종의 묘호를 올리고 시호를 철효라 하였으며, 여기에 여러 시호가 추가되어 '헌종경문위무명인철효대왕(憲宗經文緯武明仁哲孝大王)'이라 불렀다. 능은 양주 건원릉 서쪽(경기도 구리시) 언덕에 마련되었으며, 능호는 경릉이다.

그는 정비 2명과 후궁 1명을 두었으며, 그들에게서 딸 하나를 얻었으나 일찍 죽었다.

헌종의 왕비

효현왕후 김씨 (1828~1843)

효현왕후는 안동 김씨 조근의 딸로 1828년 3월 14일에 태어났으며, 1837년 헌종 3년에 왕비에 책봉되었고, 1843년 8월 25일에 16세를 일기로 요절했다.

1851년 철종 2년에 경혜, 정순의 휘호가 내려지고 다시 단성, 수원의 존호가 더해졌다. 소생은 없었다.

능호는 경릉으로 경기도 구리시 인창동에 있다.

효정왕후 홍씨 (1831~1903)

효정왕후는 남양 홍씨 재룡의 딸이다. 1831년 1월 22일에 태어났으며, 1844년 헌종 10년에 왕비에 책봉되었다. 1849년 철종이 즉위하자 대비가 되었으며, 1857년 순조의 비인 순원왕후가 죽자 왕대비가 되었다.

1903년 11월 15일에 73세를 일기로 생을 마감했으며, 소생은 없었다.

능호는 경릉으로 경기도 구리시 인창동에 있다.

조선사 깊이 읽기

삼사는 어떤 일을 하는 곳이었을까?

삼사

조선시대 언론의 최고 목적은 이상적인 유교정치를 실현시키는 데 있었습니다. 그것은 곧 왕다운 왕, 신하다운 신하, 백성다운 백성으로 가르치고 행하게 하는 일이었습니다. 그 같은 일을 담당한 사헌부, 사간원, 홍문관을 합해서 언론삼사라 합니다.

이들 세 기관은 독자적으로도 언론을 행하지만, 중대한 문제는 사헌부, 사간원 두 기관이 합의하여 결정하기도 하고, 때로는 홍문관도 같이 의견을 내어 왕에게 끈질긴 언론 활동을 계속하기도 했습니다. 그래도 언론이 받아들여지지 않을 경우에는 삼사의 관원들이 일제히 대궐 문 앞에 꿇어앉아 왕의 허락을 간청하기도 했습니다.

이렇듯 삼사는 절대군주인 국왕의 막강한 권력을 제한하고 견제하는 아주 유용한 언론기구였습니다.

하지만 특정 계파나 정치 집단에 의해 이용될 때에는 그 폐단이 커서 정치적 혼란을 면치 못했으며, 때로는 왕의 탄압을 받아 그 기능을 상실하기도 했습니다.

사헌부

언론 삼사의 중심에 자리잡고 있는 사헌부는 법을 만드는 입법에서부터 법령을 집행하는 사법처리까지 맡고 있었습니다. 정치의 핵심기관이라 할 수 있었던 곳이었습니다. 정치적인 문제의 옳고 그름에 대한 언론활동, 관리들의 잘못을 살피고 탄핵하는 일, 나쁜 풍속을 바로잡는 일, 원통하고 억울한 일을 살펴주는 일, 거짓되고 나쁜 행위를 금지하는 일 등이 사헌부가 하는 일이었습니다.

좀 더 자세히 살펴보면 첫째가 정치적인 문제에 대한 언론활동입니다. 위로는 왕의 말이나 행동에 잘못이 있을 때 이를 바로잡기 위해 간쟁(왕의 잘못을 지적하고 고치는 일)을 하고, 아래로는 관리들의 부정이나 비리를 조사하여 탄핵하는 일을 했습니다. 지금의 감사원과 비슷한 일을 했다고 볼 수 있겠습니다.

둘째로는 사간원과 마찬가지로 중요한 정치참여기관이었습니다. 사헌부의 관원들은 의정부, 육조 대신들이 왕에게 보고하거나 자문을 받는 자리에 함께 참여했으며, 의정부, 육조 대신들과 함께 정치와 입법에 관한 논의도 했습니다.

셋째로는 왕을 가장 가까이에서 모시는 신하로서의 역할을 했습니다. 왕의 경연과 세자의 서연에 참석했고, 왕의 행차에도 따라다녔습니다.

넷째로는 관리들에게 임명장을 내리거나 상벌을 주는 일에 대한 심사를 맡아 인사에 부정이 없게끔 했습니다.

다섯째로는 법령의 집행, 관리들에 대한 조사, 죄인에 대한 심문, 억울한 백성들의 소송을 재판하는 일 등을 맡아하는 사법부로써의 기능을 갖고 있었습니다.

이곳의 관리로는 종2품 대사헌 1인과 종3품 집의 1인, 정4품 장령 2인, 정5품 지평 2인, 정6품 감찰 24인이 있었습니다.

사헌부 감찰은 자주 지방에 파견되어 지방관리들을 은밀히 감시

하고 비리를 적발하여 고발하는 일을 수행하기도 했습니다. 이들을 다른 말로 '행대감찰'이라고 부르는데, 당시 지방관들은 행대감찰이 출동하면 몸을 사리며 아주 두려워했다고 합니다.

행대감찰은 성종 때부터 '암행어사' 제도로 변하게 됩니다.

사간원

사간원은 왕의 결함을 지적하고, 그릇된 정치나 관리들의 잘못을 규탄하는 일을 맡은 관청입니다. 사간원의 '간(諫)'자가 '아뢸 간', '충고할 간'이라는 게 이 기관의 성격을 말해 준다고 할 수 있겠습니다. 언론기관으로 사간원의 기능은 상당히 넓고 중요한 것이었습니다.

첫째는 왕의 잘못에 대한 간쟁과 비리를 저지른 관원들에 대한 탄핵, 잘못된 정치에 대한 시정과 부당한 인사에 대한 경고 등이 주요한 임무였습니다.

둘째는 사간원의 관원은 왕이 중신들을 접견하는 자리에 참여했고 의정부, 육조와 함께 정치와 입법에 관한 논의에도 참여했습니다.

셋째는 왕을 모시는 역할입니다. 사간은 왕이 경서를 배우는 경연에 같이 참석했고, 세자를 교육하는 자리인 서연에도 참석했습니다. 또한 왕의 행차에도 반드시 모시고 따라갔습니다.

사간원의 기능은 어찌 보면 사헌부에서 다 하고 있는 것들입니다. 하지만, 사헌부가 왕뿐만 아니라 모든 관리와 일반백성까지 아우르는 좀 더 폭넓은 역할을 수행했다면, 사간원은 그야말로 왕과 중요 관리들에 국한하여 그 역할을 수행했습니다.

사헌부나 사간원의 관직은 청요직이라 하여 학문과 인품이 높고

행실이 깨끗하여 남의 모범이 되는 사람만 임명되는 자리였습니다.

사간원의 관리는 정3품 당상관인 대사간 1인과 사간 1인, 헌납 1인, 정언 2인으로 구성되어 있습니다.

홍문관

궁중의 서적과 역사기록물의 관리 및 문서의 처리에 관여하였고, 각종 현실 문제에 대한 왕의 물음에 답하던 기관이었습니다.

세조 때 폐지된 집현전에 아쉬움을 느낀 성종이 집현전의 기능과 관직을 부활시켜 고스란히 홍문관에 옮겨놓았습니다.

홍문관의 관리는 청렴하고 결백한 관리의 상징으로 이곳의 관원이 된다는 것은 곧 출세를 기약하는 일이었습니다. 조선시대의 정승, 판서 중에 이곳을 거치지 않은 사람이 없을 정도였습니다.

그렇기 때문에 홍문관의 관원이 되는 일은 매우 어려웠습니다.

왕이 내리는 교서를 작성할만한 문장력과, 왕에게 경서를 강의할 만한 학문과 인격이 있어야 했습니다. 거기다 출신 가문에 허물이 없어야 했으며, 등용될 때는 홍문관, 이조, 의정부의 투표를 통과해야만 했습니다.

홍문관의 관리는 정1품 영사 1인을 비롯하여, 대제학 2인, 제학 1인, 부제학 1인 외에 직제학, 전한, 응교, 부응교, 교리, 수찬, 부수찬, 박사, 저작, 정자 등 총 19명이었습니다.

홍문관의 관원은 모두 왕에게 강의를 하는 경연관을 겸했으며, 부제학에서 부수찬까지는 왕의 지시문을 작성하는 지제교를 겸하기도 했습니다.

제25대 철종실록

농부에서 왕이 된 철종

왕위에 오른 강화도의 농부 이원범

헌종이 아들도 없이 병이 들어 죽음을 앞두게 되었을 때, 조선 왕실 내부에는 헌종과 6촌 이내에 드는 왕족은 단 한 명도 없었다. 그래서 순조의 왕비 순원왕후 김씨는 먼 친척인 덕흥대원군의 종손인 이하전[1]을 후계자로 내정했다. 그 소리를 듣고 안동 김씨 일파였던 김수근[2]이 조정을 이끌고 있던 김좌근[3]을 찾아갔다. 김수근이 김좌근에게 자신이 우려하는 바를 털어놓았는데, 그것은 벽파 세력과 가까운 이하전이 왕이 되면 시파인 안동 김씨의 권력이 무너진다는 것이었다. 그래서 김수근은 왕위 계승자를 바꿀 계획을 내놓았다.

"강화도에 전계군 이광의 셋째 아들인 이원범이 살고 있는

철종시대의 세계 약사

청나라는 태평천국의 난 등으로 정국이 혼란에 빠지고 서구 열강들에게 이권을 넘겨주는 등 위기에 놓여 있었고, 일본은 서구 열강들과 화친을 맺고 문호를 개방함으로써 조선보다 근대화에 한발 앞서게 되었다.
유럽에서는 작은 나라들의 합병과 독립전쟁이 끊이지 않고 일어났으며, 영국, 프랑스 등의 열강은 새로운 식민지를 찾기에 혈안이 되어 있었다.
미국에서는 남북전쟁의 발발과 더불어 북군의 승리로 노예해방이 선포되어 획기적인 변혁기를 맞게 되었다.

데, 글자도 모르는 무지렁이일세. 그 사람을 왕위에 앉히면 우리가 조정을 마음대로 주무를 수 있을 것이네."

"하지만 형님, 이광의 아들은 왕의 아저씨뻘 되는데, 이는 왕위 계승의 원칙을 어기는 일이 아니겠습니까?"

김좌근의 말처럼 이원범은 헌종에게는 아저씨뻘 되는 촌수였다. 하지만 조선 왕실은 왕위를 계승할 때 후계자는 동생뻘이나 조카뻘 되는 종친 중에서 택하는 것이 관례였다. 따라서 이원범을 후계자로 지목하는 것은 관례를 어기는 일이었다.

그러나 관례 따위를 따질 안동 김씨들이 아니었다. 김수근이 일러준 대로 김좌근은 곧 순원왕후를 찾아갔다. 순원왕후 또한 이하전이 벽파 세력과 가깝다는 말을 듣고 크게 우려했다. 이에 김좌근이 계책을 내놓았다.

"왕이 죽으면 이광의 아들을 순조대왕의 양자로 삼아 왕위를 계승하는 것이 어떻겠습니까?"

"순조대왕의 양자로? 그렇다면 내 양자로 삼는다는 것이지요?"

"그렇지요. 그렇게 되면 마마께서 당분간 수렴청정을 하실 수도 있고, 우리 안동 김씨가 조정을 장악할 수도 있는 것이지요. 거기다 우리 가문에서 왕비를 배출하면 앞으로도 탄탄대로일 것입니다."

"그거 좋은 방도군요. 그리 하지요."

김좌근과 순원왕후가 그런 결정을 내린 지 얼마 되지 않아 헌종이 23세의 젊은 나이로 죽었다. 그러자 순원왕후는 급히

1. 이하전 (1842~1862)
완창군 이시인의 아들이다. 헌종이 후사 없이 죽었을 때, 기개 있는 인물로 평가되어 왕위 계승권자 후보에 올랐으나 김문근 등 안동 김씨의 반대로 좌절되었다.

2. 김수근 (1798~1854)
철종의 장인인 김문근의 형이다.

3. 김좌근 (1797~1869)
김조순의 아들이며, 순조의 왕비 순원왕후의 오빠로 안동 김씨 정권의 핵심이었다.

전교를 내렸다.

"전계군 이광의 셋째 아들 이원범으로 순조대왕의 후사를 잇게 하노라!"

이는 곧 순원왕후가 이원범을 양자로 삼아 왕위를 잇겠다는 뜻이었다. 그렇게 되자 풍양 조씨 일파의 기둥인 신정왕후 조씨는 몹시 당황하였다.

신정왕후와 풍양 조씨 일파는 그때까지 이하전이 왕위를 이을 것으로만 알고 있었다. 그리고 이하전이 왕위를 이으면 당연히 자신의 양자로 삼을 속셈이었는데, 순원왕후가 선수를 쳐 버린 것이다.

그 무렵, 강화도에서 한낱 농부로 살고 있던 이원범은 갑자기 숱한 군사와 의장 행렬이 들어오는 것을 보고 몹시 놀라 집으로 달려와 숨을 곳을 찾았다. 원범은 이미 자신의 아버지와 큰형이 역모죄로 죽었기 때문에 이번엔 자기가 죽을지도 모른다는 생각에 몹시 두려워하고 있었던 것이다.

원범이 숨을 자리를 찾아 이리저리 날뛰고 있는 사이, 어느덧 의장 행렬을 이끌어 온 문무 관료가 그의 집으로 들이닥쳤다.

행렬을 이끌고 온 인물은 안동 김씨의 먼 친척인 정원용이라는 인물이었다.

"전계군 이광의 아들 이원범은 대왕대비의 명령을 받드시오."

그 소리에 깜짝 놀란 이원범은 고개를 쳐박고 살려달라고 두 손을 싹싹 빌었다.

"살려주시오. 저는 아무것도 모르는 농부외다."

"전계군의 셋째 아들 이원범을 덕완군에 봉하고, 헌종대왕을 이어 왕위를 계승토록 할 것이니, 즉시 입궁하도록 하라!"

"이게 다 무슨 소리요?"

그러자 정원용과 문무 백관이 모두 무릎을 꿇고 외쳤다.

"전하, 소신들이 용안을 뵙습니다."

철종은 이렇게 해서 왕위에 올랐다. 철종은 사도세자의 증손자인데, 그 계통을 따져보면 이렇다. 사도세자의 후궁 숙빈 임씨 소생 중에 은언군 이인이라는 인물이 있었는데, 이인의 셋째 아들이 이광이었고, 이광의 셋째 아들이 이원범이었던 것이다.

이광과 그의 큰아들 원경은 1844년에 일어난 민진용[4]의 반역 사건에 연루되어 강화도에 유배되어 사약을 받고 죽었다. 아버지와 형이 죽은 뒤에 원범은 유배지인 강화도에서 살았고, 그 탓에 학문도 배우지 못하고 일개 농부로 살아야 했는데, 1849년에 갑자기 왕위를 이으라는 명령이 하달되어 그야말로 졸지에 일자무식의 농부가 왕위에 오르게 된 것이다.

허수아비 왕 철종과 삼정[5]의 문란

철종은 왕위에 오르긴 했지만 정사에 대해서 아는 것이 없었고, 글자도 몰랐기 때문에 허수

4. 민진용

1844년에 일어난 '민진용 사건'의 핵심 인물이다. 헌종 초기까지 안동 김씨가 정권을 장악하고 있다가 풍양 조씨와 안동 김씨 사이에 세력 다툼이 일어나면서 조정의 권력이 흔들렸다. 당시 하급 무사였던 민진용은 이 틈을 노려 반역을 도모했다.

5. 삼정

18세기에서 19세기에 걸쳐 조선왕조가 국가 재정을 충당하기 위해 행한 세 가지 정책으로 전정, 군정, 환곡을 가리키는 말이다.

> 6. 김문근 (1801~1863)
> 철종의 장인이다. 1841년에 음보로 현감이 되었다가 딸이 철종의 왕비가 된 덕에 영은부원군에 책봉되고, 안동 김씨 세력의 핵심으로 부상했다.

아비 왕에 불과했다. 그래서 순원왕후는 대신들을 모아놓고 수렴청정을 하겠다고 공표하였다.

이미 안동 김씨 가문이 조정을 장악한 마당이라 어느 누구 하나 순원왕후의 수렴청정을 반대하지는 못했다. 그러자 앞에 서 있던 김좌근이 말했다.

"이제 새 왕께서 왕위에 올랐으니, 시급히 왕비를 정하여 나라를 안정시켜야 할 것이오. 그러니 한시라도 빨리 간택령을 내리시는 것이 좋겠사옵니다."

하지만 간택령은 그저 형식적인 조치에 불과했다. 김좌근을 비롯한 안동 김씨 일파들은 이미 왕비를 내정해 둔 터였으니, 바로 김문근[6]의 딸 철인왕후였다. 왕비조차도 모두 안동 김씨 가문에서 결정하는 마당이었으니, 철종은 그야말로 이름만 왕이었지 허수아비에 불과했다.

철종이 왕위에 오른 지 2년 만에 순원왕후가 수렴을 거두고 청정을 중단한 덕분에 친정을 시작했지만, 철종에겐 아무런 왕권도 주어지지 않았다.

그저 무슨 일이라도 있으면 철종은 두려운 마음으로 이런 생각만 했다.

'지금 안동 김씨들의 말을 듣지 않으면 목숨을 보전하기 힘들 것이다. 그러니 무슨 일이 있어도 저들에게 미운

철종의 생가
철종이 왕위에 오르기 전까지 살았던 용흥궁이다.
인천광역시 강화군 강화읍

털이 박혀서는 안 된다.'

그랬다. 철종은 조정에 관한 모든 일을 김좌근 일파에게 일일이 물어서 결정했던 것이다.

그렇다보니, 안동 김씨의 세도정치는 한층 더 심해졌고, 그로 인한 부정부패도 더욱 심해졌다. 때문에 백성들이 겪는 고통은 순조나 헌종 때보다 더 심했다. 특히 삼정의 문란은 극도에 달했다.

삼정이란 전정[7], 군정[8], 환곡[9]을 합쳐서 일컫는 말인데, 이 세 가지의 폐단으로 백성들의 고혈을 짜내고 있었다.

우선 전정의 문제를 살펴보면 고을의 아전과 수령이 한 통속이 되어 백성들을 마구잡이로 수탈하고 뇌물을 챙기고 있었다. 뇌물을 바치지 않으면 농사도 짓지 못하는 빈 터를 농토로 올려 세금을 받아 챙기고 백성들이 가진 토지의 양을 제 멋대로 고쳐서 세금을 빼먹기도 했다.

다음은 군정의 문제였다. 조선의 평민 남자들은 15세 이상이 되면 모두 군대에 이름을 올려놓고 군대에서 복무하는 것을 대신하여 해마다 세금을 냈는데, 이 세금 걷는 문제에서도 부정이 난무했다. 죽은 사람에게도 군포를 물리는 '백골징포'가 횡행했고, 심지어 갓난아기에게 군포를 물리는 일도 허다했다.

환곡의 폐단은 정전과 군포 문제보다도 더 심

7. 전정
땅에 관한 정책으로 땅의 품질과 생산량에 따라 세금을 걷는 정책이다.

8. 군정
국가의 군사정책을 일컫는다. 원래 조선에서는 6년에 한 번씩 군인을 차출했는데, 그들의 급여를 백성들에게 걷은 국방세로 충당했고 국방세는 돈이 아닌 포(베)로 냈다. 그 때문에 군세를 군포라고 했다.

9. 환곡
백성들의 식량이 가장 부족한 시기인 봄에 나라에서 식량을 빌려줬다가 가을에 추수를 한 뒤에 빌려준 곡식을 되돌려받는 제도다.

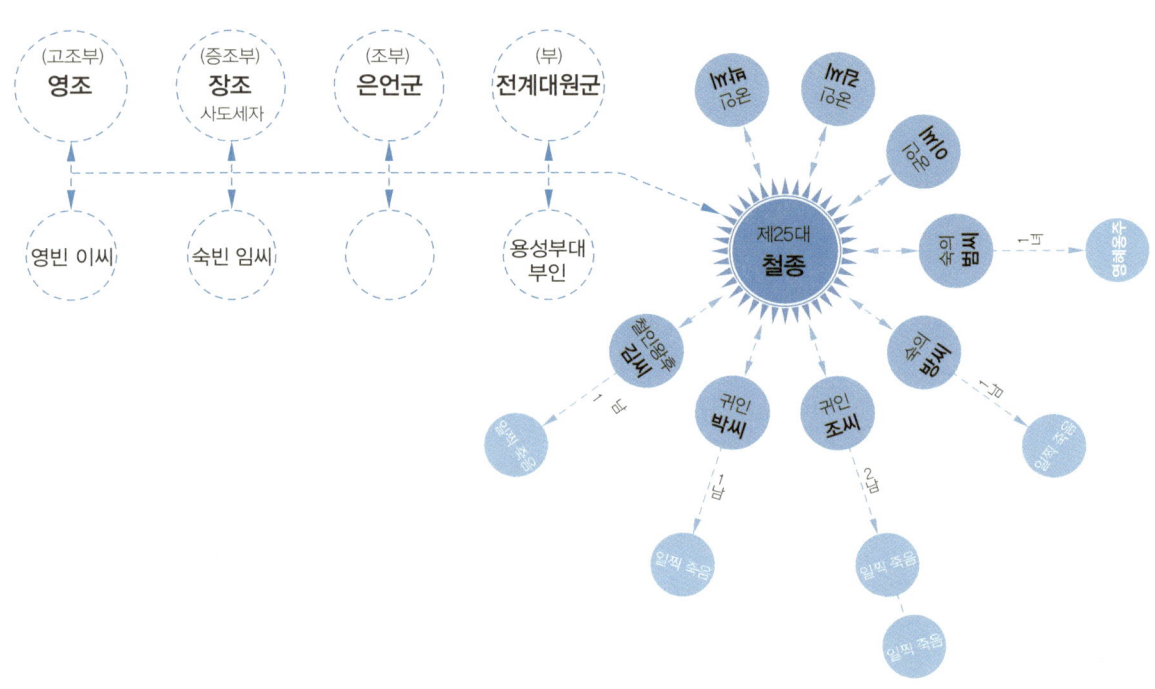

각했다. 환곡은 원래 백성들이 어려울 때, 나라에서 곡식을 빌려주었다가 추수를 한 뒤에 갚게 하는 제도였는데, 여기서도 수령과 아전들의 수탈이 대단했다. 이자를 마음대로 올려서 빼앗아 갔고, 이웃이나 친척이 환곡을 갚지 않고 달아난 것까지 덮어 씌웠다.

이렇게 되자, 백성들의 불만은 점점 높아만 갔고, 마침내 이런 불만들이 폭발하여 농민 봉기가 일어나기 시작했다.

1861년에 경상도 단성에서 시작된 민란은 1862년에 진주민란[10]으로 이어졌다. 그리고 삽시간에 민란은 전라도와 충청도까지 퍼져나갔다.

"백성들이 이토록 민란을 일으키는 것은 모두 배가 고프기 때문이오. 또한 백성들이 배를 주리게 된 것은 모두 삼정이 문란한 탓이니, 삼정의 문란을 시급히 해결하시오."

철종은 왕위에 오른 이후 그야말로 처음으로 자기 목소리를 냈다. 그리고 '삼정이정청'을 설치하여 삼정의 문란을 바로잡고자 했다. 하지만 이미 썩을 대로 썩어버린 조선의 관료들은 삼정의 폐단을 뿌리뽑지 못했다.

그렇게 되자, 철종은 자신의 처지를 한탄하며 절망에 사로잡혔다.

"그래도 명색이 내가 이 나라의 왕인데, 백성이 저토록 고통을 당하는 것을 보고만 있어야 하다니! 나 같은 왕은 빨리 죽는 것이 백성을 위한 길일 것이야."

그렇게 가슴앓이를 하며 지내던 철종은 그만 병을 얻어 1863년에 33세의 젊은 나이로 요절하고 말았다.

그런데 이런 철종의 죽음이 안동 김씨의 세도 정치에 종말을 찍을 줄은 아무도 알지 못했다.

10. 진주민란
1862년에 진주에서 일어난 민중 봉기다. 경상도 우병사 백낙신이 갖은 방법으로 농민의 재산을 탈취하고 불법을 자행한 것이 이 사건의 직접적인 동기였다.

철종의 생애

철종은 정조의 이복동생 은언군의 손자로 전계대원군 이광과 용성부대부인 염씨의 셋째 아들이다. 1831년 6월 17일 경행방의 사저에서 태어났으며, 초명은 원범이었다가 변으로 고쳤으며, 자는 도승, 호는 대용재다.

원범은 농부 생활을 하며 지내던 중 19세가 되던 1849년 6월 6일에 궁궐로 들어오라는 순원왕후의 명령을 받는다. 순조의 비인 순원왕후는 손자인 헌종이 후사없이 죽자, 헌종의 어머니 조대비와 풍양 조씨 일파가 왕을 세울 것을 염려하여 경응과 원범 중에 나이가 어렸던 원범을 왕으로 지목한 것이다. 대개 양자를 세울 땐 나이가 20세에 이르지 않은 사람을 택한다.

왕위 계승권자로 지목된 원범은 곧 덕완군에 책봉되었고, 3일 뒤인 6월 9일에 왕위에 올랐다.

당시 조선 왕실에는 헌종의 6촌 이내에 드는 왕족은 단 한 명도 없었다. 경종 이후 지속된 당파 싸움과 순조 이후 자행된 외척들의 독재로 인해 왕실 혈족들이 대거 목숨을 잃었고, 그 때문에 왕위를 이을 종친이 사라지는 현상이 일어났던 것이다. 설상가상으로 왕대비 친정인 풍양 조씨와 대왕대비 친정인 안동 김씨 사이에 왕위 계승권 싸움이 지속되던 중이었기에, 순원왕후 김씨는 헌종의 임종이 임박하자 급히 손을 써서 강화도의 농부 원범을 양자로 입적시켜 왕위를 계승시킨 것이다.

안동 김씨의 정치적 목적에 의해 졸지에 왕위에 오른 철종은 왕위를 계승할 능력이 없었고, 정치에 대해서는 완전히 무지한 상태였다. 또한 아직 20세를

철종 어진
고궁박물관 소장

넘기지 못한 나이였기에 대왕대비 순원왕후 김씨가 수렴청정을 했다.

철종은 즉위 3년 후인 1852년에 비로소 친정을 시작했으나 왕권은 안동 김씨의 손안에 있었다.

허수아비 왕에 불과했던 철종은 나름대로 왕권을 회복하고 바른 정치를 펴려고 노력했으나 세력이 너무 없고 아는 것도 부족하여 스스로 좌절하고 말았다. 그것은 자연스럽게 주색으로 이어져 그의 몸을 극도로 쇠약하게 만들었다.

《철종대왕부묘도감의궤》

1865년 10월부터 1866년 2월까지 철종을 효문전에서 종묘에 모신 일을 기록한 책이다.

규장각 소장

결국 그는 재위 14년 6개월만인 1862년 12월 7일에 병으로 누워, 다음 날인 12월 8일에 33세를 일기로 생을 마감했다.

조정에서 철종의 묘호를 올리고, 시호를 영효라 하였고, 여기에 여러 시호가 보태져 정식 명칭은 '철종희륜정극수덕순성문현무성헌인영효대왕(哲宗熙倫正極粹德純聖文現武成獻仁英孝大王)'이다.

능은 경기도 고양시 원당동 서삼릉에 마련되었으며, 능호는 예릉이다.

그는 정비 1명과 후궁 7명을 얻었으며, 그들에게서 적자 1명, 서자 4명, 서녀 1명을 얻었다. 하지만 아들들은 모두 일찍 죽고, 딸 하나만 살아남았다.

철종의 왕비

철인왕후 김씨 (1837~1878)

철인왕후는 비록 안동 김씨 가문에서 나온 왕비였지만, 친정을 두둔하지 않았고, 정치에도 간여하지 않은 인물이었다. 그녀는 말수가 적고 쉽게 내면을 드러내지 않는 성격이었다.

그녀는 안동 김씨 문근의 딸이다. 1837년 3월 23일 순화방의 사저에서 태어났으며, 안동 김씨 가문의 정략에 따라 1851년에 15세의 나이로 왕비가 되었다. 덕분에 철종 재위 내내 안동 김씨의 세도정치가 이어졌다.

1863년 철종이 33세의 젊은 나이로 죽자, 왕대비가 된 그녀는 1878년 5월 12일 창경궁 양화당에서 42세를 일기로 생을 마감했다.

능은 경기도 고양시 원당동 서삼릉의 예릉이다.

제26대 고종실록

밀려드는
외세에
휘둘린
고종

고종의 즉위와 흥선대원군의 개혁정치

고종시대의 세계 약사

일본은 조선에 대한 침략을 강화하는 한편, 중국과 러시아에 선전포고를 감행해 전쟁에서 승리하고 동아시아의 주도권을 장악했다. 이 시기에 중국 내부에서는 만주족이 세운 청나라를 무너뜨리기 위한 한족의 독립운동이 전개되었다.
아메리카에서는 미국이 영토를 확장하기 위해 러시아로부터 알래스카를 매수하고, 내부적으로 남·북전쟁을 종식시키면서 본격적인 대외 팽창정책을 감행했다.

철종의 병이 깊어지고 있을 때, 헌종의 어머니이자 효명세자(익종)의 부인인 신정왕후 조씨(조대비)는 안동 김씨의 세도정치에서 벗어나기 위해 남연군의 아들 흥선군[1] 이하응과 은밀히 만나 모종의 계략을 꾸몄다.

"흥선군께서는 안동 김씨 가문에 원한이 많으시지요?"

"원한이라기보다는 제가 처신을 잘못해서 생긴 일들이지요."

대답은 그렇게 했지만, 흥선군의 머릿속엔 안동 김씨들에게 당한 지난날의 치욕이 스쳐갔다. 남루한 옷차림의 흥선군은 세도가의 종에게마저 상갓집 개라고 불리며 문전박대를 당하곤 했다. 홍선군은 안동 김씨의 감시에서 벗어나기 위해 일종의 호신책으로 건달들과 어울려 다니며 상갓집에서 술이나 얻어먹곤 했던 것이다.

  홍선군은 때로 김좌근 등의 집을 찾아가 자신의 그림을 팔아 쌀을 구걸하기도 했다. 안동 김씨 세도가들은 그런 홍선군을 비웃으며 멸시했다. 홍선군이 그런 기억을 되살리며 조대비에게 말했다.

  "마마, 소인의 아들을 드릴 터이니, 마마의 양자로 삼으소서."

  "그러니까, 홍선군의 아들로 하여금 다음 대통을 잇게 해달라는 말이오?"

  "그렇습니다. 그리만 해주시면 무슨 짓이든지 하겠습니다."

  "하긴, 홍선군이나 이 사람이나 안동 김씨 가문에 갚을 빚이 많은 처지이니, 우리가 힘을 합치는 것도 나쁘지는 않겠구면."

  조대비는 홍선군이 어리숙한 인물이라고 생각하고, 홍선군을 이용해 안동 김씨들을 조정에서 내몰려는 속셈이었다. 안동 김씨를 몰아내고 나서 홍선군을 버리면 된다고 생각했다. 하지만 홍선군은 홍선군 대로 안동 김씨와 풍양 조씨를 모두 몰아낼 생각을 하고 있었다.

  "지금 왕(철종)의 목숨이 경각에 달렸으니, 머지않아 숨을 거둘 것이오. 그러면 내 홍선군의

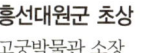

1. 홍선군 (1820~1898)
고종의 아버지인 홍선대원군 이하응이다. 그는 인조의 셋째 아들 인평대군의 6대손인 남연군의 넷째 아들이다.

흥선대원군 초상
고궁박물관 소장

아들을 택해 왕위를 잇게 하고, 내가 수렴을 내려 청정을 하겠소."

"물론 그러셔야지요. 하지만 마마께서 직접 저들 안동 김씨들을 상대하면 백성들은 풍양 조씨가 다시 득세하려 한다고 할 것입니다. 그러니 안동 김씨들을 몰아내는 일은 소인에게 맡겨 주소서."

조대비로서는 손에 피를 묻히는 일을 흥선군이 맡아준다는 것을 마다할 이유가 없었다. 결국 그렇게 두 사람의 밀약이 이루어지고, 얼마 뒤에 병석에 누워 있던 철종이 숨을 거뒀다. 그러자 조대비는 재빨리 조정 대신을 모아놓고 공포했다. 조대비와 조정 대신들은 모두 상복을 입고 있었다.

"흥선군의 둘째 아들 명복을 익종의 양자로 삼아 왕위를 계승할 것이니, 즉위식을 준비토록 하시오."

조대비는 김좌근을 위시한 안동 김씨를 몰아낼 생각이었고, 김좌근은 건달 같은 흥선군을 앞세우는 데에 콧방귀를 뀌었다.

그런 팽팽한 긴장 속에서 드디어 조선 제26대 왕의 즉위식이 거행되었고, 이렇게 즉위한 왕이 바로 고종이다.

고종은 남연군의 손자이자, 흥선군의 둘째 아들이었다. 남연군은 원래 인조의 셋째 아들인 인평대군의 6대손이었으나, 영조의 손자인 은신군의 양자가 되었고, 흥선군은 남연군의 넷째 아들이었다. 고종이 익종의 양자로 입적[2]되어 왕위에 올랐을 땐 불과 12세의 어린 소년이었다.

어린 고종이 왕위에 오르자, 신정왕후 조대비가 수렴청정을

2. 입적
호적에 올린다는 뜻이다.

했다. 하지만 조대비는 직접 조정을 이끌지 않았다. 대신 고종의 생부인 흥선대원군에게 섭정의 대권을 위임했다.

섭정의 대권을 넘겨받은 흥선대원군 이하응은 막상 권좌에 앉자, 그때까지 숨기고 있던 본색을 드러냈다.

"그간 우리 조정은 몇몇 가문에 의해 독단적으로 운영되었소. 때문에 왕실은 쇠락하고, 백성들은 고통에 허덕였소. 이제 내가 그 잘못된 질서를 바로 세울 것이오."

대신들 속에서 대원군을 쳐다보고 있던 김좌근은 눈이 휘둥그레지며 놀랐다.

'정녕 저 자가 파락호[3] 이하응이 맞단 말인가? 그렇다면 저 자는 지금껏 목숨을 보전하기 위해 본색을 숨기고 일부러 건달 노릇을 해왔단 말인가? 만약 그게 사실이라면 우리 안동 김씨 가문은 끝장이다.'

김좌근의 그런 우려는 바로 현실로 드러났다. 대원군은 과감한 개혁정책을 추진하여 무너진 국가 기강을 바로 세우며 외척 세도정치 종식 작업을 진행했다.

"이제, 당파와 가문에 상관없이 인재를 등용할 것이오. 또한 당쟁의 근거지가 된 서원(죽은 학자들의 제사를 지내고 학문을 가르치던 곳)을 철폐할 것이오."

당시 전국의 서원 숫자는 천여 개에

3. 파락호
제법 뼈대가 있는 집 자손이면서도 체면을 지키지 못하고 막돼먹은 행동을 하는 사람을 말한다.

4. 아전
중앙과 지방의 관청에서 실무를 담당하고 있던 하급 행정 관료다.

5. 비변사
비상시국에 대비하는 관청으로 정치, 군사, 행정을 아우르는 조직이다.

이르렀는데, 그 중에서 규모가 방대하여 국가가 재정을 지원하는 사액서원만 200군데에 육박하고 있었다. 이 때문에 엄청난 국가 재정이 서원 유지 비용에 쓰였는데, 대원군은 이들 사액서원의 숫자를 48군데로 축소시키고, 나머지는 모두 폐쇄시켰다.

"지금 전국 각처에서 탐관오리들이 판을 치고 있다. 이들 탐관오리들을 모두 잡아들여 참수할 것이오."

대원군의 지시에 따라 백성들의 원성이 높은 지역의 탐관오리들이 줄줄이 붙잡혀 왔다. 또한 그들과 함께 부정을 일삼던 아전[4]들도 함께 체포되어 감옥에 갇혔다.

대원군은 여기에서 멈추지 않았다.

"이제부터 국가에서 정한 세금 이외에 어떤 이름으로도 세금을 걷지 못한다. 만약 이를 어기는 자는 모두 참형에 처할 것이다!"

그야말로 서릿발 같은 개혁 조치였다. 대원군의 그런 조치가 있자, 백성들은 모두 환영하였고, 부정을 일삼던 관리들은 불안에 떨었다.

이 외에도 대원군은 개혁 조치의 일환으로 의복 문화를 간소화하였다. 이 때문에 양반들은 갓의 크기를 줄여야 했고, 도포의 소매도 크게 줄여야 했다. 또 정치 부분에 있어서는 임진왜란 이후 군대와 정치를 함께 지배하고 있던 조정의 핵심 기구인 비변사[5]를 없애고, 의정부와 삼군부를 부활시켜 정치와 군부를 분리시켰다.

흥선대원군은 이처럼 민심을 수습하고 국가 재정을 확립했으며, 동시에 경제, 행정의 개혁으로 세도정치의 문제점들을 일시에 해결하는 대단한 성과를 거뒀다. 덕분에 그는 조정을 완전히 손안에 넣을 수 있었다.

흥선대원군의 경복궁 중건과 쇄국정책

흥선대원군의 과감한 개혁은 큰 성공을 거뒀지만, 그는 몇 가지 무리한 정책을 행하는 바람에 민심이 다시 동요하기 시작했다.

"국가의 기강이 제대로 서려면 왕실의 위엄이 살아야 하오. 그래서 나는 무너진 경복궁을 다시 세울 것이오."

하지만 경복궁을 다시 짓는 일은 간단하지 않았다. 우선 엄청난 비용이 필요했고, 또한 수많은 백성들을 부역에 동원해야 했다. 대원군은 경복궁 건축 비용을 마련하기 위해 원납전[6]이니, 당백전[7]이니 하는 돈을 만들어 냈고, 백성들에게 거의 강제적으로 그 돈을 사게 했다.

"이건 칼만 들지 않았지 완전히 강도야, 강도."

"돈 빼앗아 가는 건 안동 김씨나 대원군이나 다를 것이 없구먼."

돈을 내놓아야 할 양반들은 그런 불만을 토로했고, 백성들의 불만도 높아져갔다.

"매일 부역에 동원되면 우리는 어떻게 먹고 살라는 게야!"

6. 원납전
원납전이란 백성들이 '스스로 원해서 내는 돈'이라는 뜻인데, 흥선대원군이 경복궁 중건을 위해 받아들인 기부금을 일컫는다.

7. 당백전
1866년 11월에 만들어진 통화로 상평통보 100배의 가치를 가진 돈이다.

"입에 풀칠이라도 해야 힘을 쓸 게 아니냐고!"

그런 불만 속에서 경복궁은 거의 완성되고 있었다. 그러나 앙심을 품고 있던 누군가가 건축 중이던 경복궁에 불을 질러버렸다. 그 소식을 듣고 대원군은 몹시 당황했다.

조정에서는 경복궁 화재 이후 공사를 중단해야 한다는 의견이 지배적이었다. 그러나 대원군은 오기를 부렸다.

"이번에 경복궁에 불을 지른 놈들은 바로 왕실이 권위를 되찾는 일을 방해하려는 놈들이오. 만약 지금 경복궁 공사를 중단하면 바로 그놈들이 바라는 대로 되는 것이란 말이오."

대원군의 강력한 주장에 밀려 경복궁 공사는 다시 강행되었다. 그리고 이번에는 처음보다 더 심하게 백성들의 고혈을 짜냈다.

이렇듯 경복궁 공사를 강행하면서 대원군은 한편으론 천주교에 대한 대대적인 박해를 감행했다.

"천주교는 서양의 종교요. 만약 천주교가 퍼지면 우리 조선의 전통이 무너질 것이고, 그것은 곧 우리 조선왕조의 붕괴로 이어질 것이오. 그러니 천주교의 확산을 철저히 막아야 할 것이오."

대원군은 곧 전국에 천주교 박해령을 내렸고, 그에 따라 1866년부터 1871년까지 무려 8

천여 명의 천주교 신자들이 목숨을 잃었다. 이 사건을 '병인박해'[8]라고 한다.

그러자 프랑스는 이 박해로 인해 자신들의 신부 9명이 죽었다며 그 보복책으로 군함을 이끌고 강화도를 공격해 왔다. 이를 '병인양요'[9]라고 한다. 다행히 제주 목사 양헌수가 강화도 정족산성 싸움을 승리로 이끈 덕분에 프랑스군을 격퇴시킬 수 있었다.

이 병인양요가 일어나기 두 달 전에는 미국 상선 제너럴셔먼호가 대동강을 거슬러 올라오는 사건이 있었다. 미국인들은 자기와의 무역을 요구했다. 하지만 대원군은 그 요구를 받아들이지 않았다.

"지금 저들 미리간[10]의 통상 요구를 받아들이면, 앞으로 서양 오랑캐들이 모두 몰려와 통상을 하자고 할 것이오. 저들과 통상하면 나라의 문을 열어야 할 것인데, 우리에겐 지금 저들을 이길 국력이 없으니, 문을 여는 것은 곧 망국이나 다름없소."

대원군은 결국 쇄국령[11]을 선포하고 평양 백성과 군대를 동원하여 제너럴셔먼호를 화공으로 불태워 버렸다. 이 일로 미국은 군함 5척, 병력 1천2백 명, 함포 85문 등으로 무장하고 1871년에 조선을 쳐들어왔다.

미군의 무차별 공격으로 강화도는 순식간에 쑥대밭이 되었고, 조선군은 초지진과 광성보 등에서 치열한 방어전을 펼쳤지만 대패하고 말았다. 미군은 조선이 협상에 나서지 않는다면 한양으로 진격하겠다고 으름장을 놓았지만 대원군은 쇄국정책

8. 병인박해
1866년부터 1871년까지 지속된 우리나라 최대 규모의 천주교 박해 사건이다.

9. 병인양요
1866년에 대원군의 천주교 탄압사건에 대한 보복으로 프랑스군이 조선 영토에 침입한 사건이다.

10. 미리간
당시엔 미국을 미리간이라고 불렀다. 이는 아메리카에 대한 한자식 가차어(뜻은 다르나 음이 같은 글자를 빌려 쓰는 방법)이며, 미국이란 표현도 이 미리간에서 비롯되었다.

11. 쇄국령
다른 나라와 관계를 맺지 않고 문호를 굳게 닫아 서로 통상하지 않겠다는 의지를 명령의 형태로 공포한 것이다.

으로 일관했다.

대원군의 의지는 단호했다. 그 때문에 미국 군대는 강화도 점령 한 달 만에 스스로 물러갔다.

"대원군이라는 늙은이는 정말 대단한 고집불통이야. 저 늙은이의 승낙을 받아내려고 기다리다가 우리는 연료가 떨어지고, 양식도 떨어지겠어. 아무래도 본국으로 돌아가야겠어."

미군이 물러가자, 대원군은 척화비[12]를 세우고 더욱 강력한 쇄국정책을 단행했다.

"우리가 저들을 받아들이기 위해서는 먼저 우리 스스로 군대를 키워 나라를 지킬 힘이 있어야 한다. 그 전까지는 절대로 저들을 받아들여서는 안 된다. 받아들이면 저놈들은 기필코 우리를 잡아먹으려고 할 것이다."

이런 대원군의 판단을 놓고 후대의 학자들은 쇄국정책을 몹시 비판하고 있다. 하지만 당시 조선의 상황으로선 쇄국을 할 수밖에 없었다. 조선은 수십 년간 계속된 외척 독재 때문에 국가 기강이 무너져 있었고, 경제가 파탄 직전이었으며, 군대는 나약하기 그지없었다. 대원군은 이 문제들을 모두 해결한 뒤에 외세를 받아들여야 나라가 망하지 않는다고 생각했던 것이다.

12. 척화비
1871년에 대원군이 서구 제국주의 세력의 침략을 경계하기 위하여 전국 각처에 세운 비석이다.

흥선대원군의 하야[13]

흥선대원군이 그렇듯 개혁과 경복궁 중건, 쇄국정책 등을 지속하는 사이, 세월은 흘러 어느덧 어린 소년이었던 고종이 20대의 청년으로 성장했다. 고종은 즉위한 이후 3년간 조대비의 수렴청정을 받다가 1866년 2월에 15세의 나이로 친정을 시작했다. 하지만 대원군이 여전히 조정을 이끌고 있었기 때문에 사실상 섭정을 받고 있는 상태였다. 그런데 고종은 나이가 스무 살이 넘어 성인이 되자, 은근히 대원군이 정치 일선에서 물러나주길 바랐다.

그런 고종의 마음을 가장 잘 읽고 있던 사람은 바로 고종의 왕비 명성황후 민씨였다. 사실 대원군이 물러나도록 하는 일을 고종이 직접 하게 되면 불효라는 비난을 들을 우려가 있었다. 명성황후 민씨는 이를 잘 알고 있었기 때문에 자신이 나서서 조대비를 찾아갔다.

"마마, 주상께서 벌써 성년이 된 지 2년이나 지났는데, 여전히 대원군께서 왕권을 행사하고 있으니, 어쩌면 좋겠습니까?"

"더 이상 두고 볼 수는 없는 일이지요."

조대비는 흥선대원군이 안동 김씨는 물론이고, 자신의 친정인 풍양 조씨까지 조정에서 밀어낸 것에 대해 몹시 분개하고 있던 터였다.

"원로대신들과 유림[14]을 움직여서라도 대원군을 하야시켜야 합니다."

조대비의 동조를 얻어낸 명성황후는 곧 자신의 오빠 민승호[15]

---

13. 하야
관직에서 물러나서 평민으로 돌아가는 것을 일컫는다. 대개 하야라는 단어는 일반적인 관료에겐 사용하지 않고 총리급 이상의 고위 관료의 퇴진을 의미할 때 사용한다.

14. 유림
조선의 선비 집단을 일컫는 말이다.

15. 민승호 (1830~1874)
민치록의 양자이며, 명성황후의 오빠다.

16. 민치록 (1799~1858)
숙종의 계비 인현왕후의 아버지 민유중의 5대손이며, 명성황후의 아버지다.

17. 최익현 (1833~1906)
성리학의 거두 이항로의 제자이며, 철종시대인 1855년에 과거에 급제하여 벼슬을 얻었다. 성격이 강직했던 그는 1868년에 흥선대원군의 무리한 경복궁 중건을 비판하였고, 1873년에 흥선대원군의 여러 정책을 비판하여 흥선대원군의 하야를 끌어냈다. 1895년 을미사변이 일어나고 갑오개혁으로 단발령이 떨어지자, 항일척사운동에 앞장서기 시작했다.

18. 이재면 (1845~1912)
흥선대원군의 맏아들이며 고종의 형이다.

를 불러들였다. 민승호는 흥선대원군의 부인 민씨의 친정 동생이었다. 하지만 민승호는 아들이 없던 명성황후의 아버지 민치록[16]의 양자가 되었다.

"오라버니, 대원군을 하야시키려는데, 유림을 움직일 마땅한 인물이 필요합니다. 적당한 사람이 없겠습니까?"

"지난번에 경복궁 재건과 관련하여 대원군을 비판한 상소를 올린 최익현[17]이 적당한 인물로 보입니다."

"동부승지 최익현 말입니까?"

"최익현은 강직한 선비로 유림을 대표하는 인물입니다. 더구나 지금 대원군의 서원 철폐로 유림의 불만이 대단합니다. 지금 최익현을 이용하여 유림을 움직인다면 대원군을 하야시킬 수 있을 것입니다."

"그렇다면 오라버니께서 최익현을 만나 보십시오. 또 시아주버니도 만나 보도록 하세요."

명성황후가 말하는 시아주버니란 이재면[18]을 가리키는 것이었다. 이재면은 흥선대원군의 맏아들이자, 고종의 친형이었다. 당시 이재면도 흥선대원군의 하야가 옳은 일이라고 판단하고 있었다.

대원군 하야 계획은 이렇듯 여러 방면에서 다각적으로 이뤄졌다. 조대비는 조정의 원로대신들과 풍양 조씨 일파를 가담시켰고, 명성황후는 대원군에게 가장 불만이 많았던 안동 김씨 일파, 그리고 이재면과 같은 왕실 세력을 끌어들였다. 그리고 한편에선 유림을 움직여 마침내 1873년에 유림을 이끌고 있던 최익현의 대원군 하야 상소를 이끌어냈다.

"흥선대원군은 신미양요[19]를 승리로 이끈 여세를 몰아 조정의 정사를 독단적으로 처리하고 있습니다. 또한 우리 조선 유학의 기반이 된 서원을 대거 철폐하여 유림의 원망이 하늘을 찌르고 있사옵니다. 전하께서 이 일을 바로 잡아 나라의 기강을 세우고 군왕의 권위를 높이소서."

최익현의 상소는 겉으론 대원군의 정책을 비판하는 내용이었지만, 한편으로 대원군을 하야시키고 고종이 직접 조정을 이끌어야 한다는 주장이 가미된 것이었다.

최익현의 상소 소식을 듣고 흥선대원군은 몹시 화를 내며 소리쳤다.

"최익현 그놈이 중전의 사주를 받은 것이 분명해!"

대원군과 명성황후는 이때 이미 사이가 매우 좋지 않았다. 대원군과 명성황후의 사이가 틀어진 결정적인 원인은 대원군이 제공했다. 대원군은 고종의 후궁 귀인 이씨 소생의 왕자 완화군[20]을 원자로 책봉하여 왕위를 계승시키려 했는데, 명성황후가 이를 반대했다. 당시 명성황후의 나이는 불과 20대 초반이었는데, 대원군이 성급하게 서자를 세자로 세우려는 시도를 한 것이 문제였던 것이다.

"내가 중전으로 만들어 줬건만, 은혜도 모르고 내게 비수를 들이대다니. 못된 것 같으니라고."

명성황후를 왕비로 삼은 건 그의 말처럼 대원군 자신이었다. 대원군은 풍양 조씨나 안동 김씨 같은 외척들이 득세하여 세도

19. 신미양요
1871년에 미국 함대가 강화도에 쳐들어온 사건이다.

20. 완화군 (1868~1880)
고종의 서자 중에 맏아들이고, 이름은 선이며, 귀인 이씨가 낳았다.

정치를 일삼는 것에 신물을 느껴 되도록 힘없고 보잘 것 없는 집안 여자를 왕비로 삼으려 했다. 그래서 고심 끝에 선택한 왕비가 바로 명성황후였던 것이다. 더구나 명성황후의 집안은 대원군의 아내 민씨와 같은 집안이었고, 민씨의 친동생 민승호가 양자로 들어간 곳이기도 했다.

최익현이 대원군을 탄핵하는 상소를 올리자, 고종은 기다리기라도 한 듯 편전에 신하들을 모아놓고 과감한 선언을 하였다.

"이제 조정의 모든 일은 과인이 직접 처결할 것이다. 또한 대원군이 드나들던 대궐의 문을 폐쇄하도록 할 것이다."

그 소식을 듣고 대원군은 눈물을 흘리며 말했다.

"풍양 조씨와 안동 김씨 외척들이 나라를 망쳐놓았는데, 이제 또다시 여흥 민씨가 세도를 부릴 터이니, 이 나라의 앞날이 어찌 될꼬!"

밀려드는 외세와 임오군란

대원군의 예측대로 고종이 친정을 시작하자, 조정은 명성황후의 친정 세력인 여흥 민씨가 장악했다. 그 대표적인 인물이 명성황후의 오빠 민승호와 민승호의 친동생 민겸호[21], 또 민겸호의 6촌 형인 민태호[22] 등이었다.

그러나 대원군의 반발도 만만치 않았다. 민승호가 조정의 핵심 세력으로 부상하고 있던 1874년 어느 날, 민승호의 집에 물건이 하나 배달되었는데 민승호는 무거운 그 물건을 별 생각없

21. 민겸호 (1838~1882)
흥선대원군의 처남이며, 명성황후의 오빠 민승호의 친동생이다.

22. 민태호 (1834~1884)
순종의 왕비 순명효황후 민씨와 민영익의 아버지다.

이 풀어본 순간, 엄청난 폭발음과 함께 폭탄이 터졌다. 민승호의 비명과 함께 집이 폭싹 내려앉았고, 주변은 온통 화염에 휩싸였다.

이 폭발 사건으로 명성황후의 친정 어머니인 감고당 이씨[23]도 엄청난 화상을 입고 숨을 거뒀다.

그 소식을 듣고 명성황후는 눈물을 삼키며 이를 갈았다.

"이번 일은 분명히 대원군의 짓이다. 내 반드시 원수를 갚을 것이다."

민승호가 죽자, 명성황후는 민승호의 친동생인 민겸호를 조정의 요직에 앉혔다. 또 민태호의 아들 민영익[24]을 민승호의 양자로 삼아 조선의 개화를 주도하도록 했다.

그 무렵, 조선의 황해와 동해에서는 일본이 군함을 앞세우고 들어와 무력시위를 벌이고 있었다. 그들은 조선이 항구를 열어 무역에 응하도록 요구했다.

대원군이 물러난 뒤에 조선 조정에선 외국과 조약을 맺고 나라의 관문을 열어야 한다는 개화파[25]와 나라의 문을 열면 망한다는 수구파[26] 사이에 논쟁이 벌어지고 있었다. 개화파는 서양의 앞선 문물을 빨리 받아들여야 한다고 주장했고, 수구파는 외세가 밀려들면 나라가 망한다고 주장했다.

개화파와 수구파의 팽팽한 대립이 계속되던 1875년 9월, 일본 군함 운요호가 강화도 해안에 불법으로 침입했다.

"말로 안 되면 우리는 힘으로 한다. 강화도로 상륙하라!"

그러자 강화도를 수비하고 있던 조선 군대가 포를 쏴 일본군

23. 감고당 이씨
명성황후의 어머니이며, 민치록의 아내다.

24. 민영익 (1860~1914)
민태호의 아들이며, 민승호의 양자다.

25. 개화파
흔히 개화당이라고 불리던 정치집단으로 오경석, 박규수, 유홍기 등의 영향과 교육 아래 개화정책을 추구한 무리다.

26. 수구파
수구당이라고 불렸으며, 고종 재위시에 청나라에 의존하면서 점진적으로 개혁을 추진해갈 것을 주장하던 보수적 정치집단이다.

의 상륙을 저지했다.

"왜놈들이 침입했다. 한 놈도 남김없이 죽여라!"

이렇게 양쪽에서 포를 쏘는 사태가 발생했는데, 최신 무기를 장착하고 있던 일본군의 함포 사격에 조선군이 밀릴 수밖에 없었다.

그 상황을 이용해 일본군 병력 22명이 인천 앞바다의 섬 영종도에 침입했다. 이에 조선군 400여 명이 일본군을 공격했지만, 일본군의 신식무기에 밀려 패배하고 말았다.

일본군들이 영종도를 장악했다는 소문이 퍼지자, 조선 백성들은 분통을 터뜨렸다. 곳곳에서 의병을 일으켜 일본군을 징벌해야 한다는 소리가 터져 나왔다.

조선의 민심이 들끓자 일본군은 급히 영종도에서 철수했다. 하지만 일본의 강화도 침입 사건은 이것으로 매듭지어지지 않았다.

일본은 강화도 앞바다에 군함을 띄워 놓고 계속해서 조선 정부를 협박했던 것이다.

"만약 또다시 우리의 상륙을 막는다면, 이번에는 수십 대의 함대가 조선으로 쳐들어 갈 것이다. 그리되면 조선과 일본은 전쟁을 할 수밖에 없다."

이때 조선 조정에서는 개화파와

수구파가 여전히 언쟁을 벌이고 있었다.

"이대로 가다간 일본과 전쟁이 터지겠소. 그리되면 우리가 질 것은 불을 보듯 뻔한 일이니, 저들의 요구대로 개항을 합시다."

"저놈들이 지금 하는 짓거리를 보고도 그런 말을 하는가. 저놈들은 지금 우리에게 협박을 하고 있는 것이야."

개화파와 수구파는 한 치의 양보도 없이 대립하고 있었지만, 고종의 마음은 개화 쪽으로 기울어져 있었다. 명성황후도 고종의 뜻과 함께 했다. 협박에 의해 문을 열지만 힘을 키워 일본을 능가하는 국력을 가져야 한다는 생각이었다.

고종과 명성황후가 개화파를 지지하고 나서자, 결국 일본의 요구대로 조선은 일본과 조약을 맺고 부산, 원산, 제물포(인천) 등 세 곳의 항구를 개방했다. 이것이 1876년에 조선과 일본 사이에 맺어진 병자수호조약으로 흔히 '강화도조약'[27]이라고 부른다.

일본과 수교 후 고종은 미국, 프랑스, 러시아 등과도 수교를 맺었다. 그리고 선진 문물을 배우기 위해 일본에 신사유람단을 파견하고, 유럽에도 사절단을 보내 서양 문물을 배워오도록 했다.

그러나 당시 조선의 경제는 큰 어려움 속에 있었다. 수십 년 동안 지속된 외척 세도정치 때문에 국고는 텅텅 비고, 백성들은 가난에 허덕였다. 그런 상황에서 고종은 군대를 변화시키기 위해 안간힘을 쓰고 있었다.

27. 강화도조약
1876년에 강화도에서 조선과 일본 사이에 체결된 조약으로 정식 명칭은 조일수호조규이며, 병자수호조약이라고도 불린다.
이 조약은 일본인의 치외법권을 인정하고, 군사작전시 마음대로 조선땅을 밟을 수 있는 권한을 내 준 불평등 조약이었다.

28. 별기군
1881년에 조선에 설치된 신식군대다.

29. 선혜청
1608년에 대동법이 선혜법이란 이름으로 경기도에 처음 시행되면서 이를 관리하기 위해 설치한 관청이다.

고종은 이 일을 위해 일본군 교관을 영입하고, 신식군대인 별기군[28]을 조직했다. 그런데 신식군대가 만들어지면서 구식군대인 5군영 소속의 군인들은 몹시 불안해졌다. 언제 쫓겨날 지 알 수 없다는 불안감 때문에 5군영 소속의 군인들 사이에서 불만이 쌓이고 있었다.

이런 와중에 설상가상으로 군인들에게 지급되던 쌀이 무려 13개월 동안 지급되지 않는 사태가 발생했다. 선혜청[29] 당상인 민겸호가 나라에서 나온 쌀을 빼돌렸다는 소문이 돌면서 군인들은 아우성치기 시작했다.

군인들의 불만이 한껏 심해지고 있을 때, 마침내 군료를 지급한다는 전갈이 왔다. 하지만 군인들에게 지급된 한 달 치 쌀가마니에선 모래와 겨가 섞여 나오고, 양도 반이 채 되지 않았다. 분노한 군인들 사이에서 민겸호의 집으로 쳐들어가 쌀을 돌려받자는 소리가 터져 나왔다.

이런 상황에서 포수 김춘영과 유복만이 선혜청 관리들에게 따지고 들었다.

"도대체 이걸 우리더러 먹으라고 주는 거야! 이게 모래지 쌀이냐고!"

"우린 이 따위 모래 가마를 받을 수 없어!"

그러자 선혜청 창고 관리들이 오히려 큰소리를 치며 맞받았다.

"배가 불렀구먼. 받기 싫으면 관둬!"

그러자 군인들이 모두 합세하여 격렬하게 항의했고, 그 바람에 쌀을 나눠주던 도봉소는 아수라장이 되었다. 그 소식을 들은 민겸호는 즉시 군대를 풀어 주동자를 잡아들였다.

"주동자 유복만과 김춘영을 하옥시켜라!"

하옥된 유복만과 김춘영은 혹독한 고문을 당하고 처형될 위기에 놓였다. 그 소식을 들은 김춘영의 아버지 김장손과 유복만의 동생 유춘영은 급히 사발통문[30]을 돌려 군인들을 끌어 모았다.

"우리 춘영이가 무슨 죄가 있어? 쌀가마니에 모래가 찼는데, 어떤 미친놈이 순순히 받아오겠느냐 말이여!"

"여러분, 이대로 물러서면 우리 형님이 처형되는 것은 물론이고, 앞으로도 군료가 그런 식으로 지급될 터인데, 계속 참고 받아야 합니까!"

김장손과 유춘영의 주도로 결국 군인들은 마침내 폭동을 일으켰다. 분노한 군인들은 곧장 민겸호의 집으로 몰려갔고, 이내 민겸호를 끌어내 죽여 버렸다.

그 소식을 들은 대원군은 즉시 부하 허욱에게 명령했다.

"너는 군복을 입고 5군영의 군대를 지휘해라."

그렇게 해서 대원군은 구식군대를 움직였고, 이후 군인들은 경기감영의 무기고를 습격하여 무장하고, 다시 포도청을 공격하여 붙잡혀 있던 유복만과 김춘영을 비롯한 동료들을 구출해 냈다. 허욱은 내친김에 군인들을 선동했다.

"이게 모두 개화파와 민씨 척족들 때문이오! 자, 놈들의 집으로 쳐들어갑시다."

30. 사발통문
주모자가 누군지 모르게 하기 위해 가운데 원을 그리고 참가자의 명단을 원 주위로 빙 둘러가며 적은 통지문이다.

허욱의 선동으로 군인들은 개화파의 집을 차례로 습격하기 시작했고, 이어 허욱은 다시 외쳤다.

"이제 왜놈을 몰아냅시다. 모두 왜놈들 농간에 놀아난 것이오."

그러자 군인들은 일본 공사관으로 쳐들어갔다. 이에 겁먹은 일본의 하나부사 공사는 탈출을 감행하여 인천으로 달아났고, 일본 공사관은 쑥대밭이 되었다. 허욱은 군인들을 이끌고 명성황후 민씨를 지목하며 대궐로 몰려갔다.

하지만 그 시간 명성황후는 대원군의 부인인 부대부인 민씨의 가마를 타고 궁궐을 빠져 나간 뒤였다.

대궐을 빠져 나간 명성황후는 윤태준[31]의 집에 숨어 있다가 한강을 건너 고향 여주에 이르러 민응식[32]의 집에 몸을 숨겼다.

한편, 군인들이 궁궐을 장악하자, 고종은 어쩔 수 없이 대원군에게 군란을 수습하도록 했다. 대원군이 결국 군인들을 등에 업고 다시 정권을 장악하게 된 것이다. 대원군에게 권력을 안긴 이 사건이 바로 1882년 6월에 일어난 '임오군란'이다.

납치되는 흥선대원군과 갑신정변

임오군란을 통하여 정권을 장악한 대원군은 일단 구식군대인 5군영을 폐지하려던 계획을 취소하고, 신식군대를 만들어 낸 통리기무아문을 없앴다. 그리고 민씨 세력을 대거 몰아냈다.

31. 윤태준 (1839~1884)
1882년에 문과에 급제하여 벼슬을 얻었으며, 임오군란 당시에 명성황후를 자신의 집에 숨긴 뒤 여주로 피신시켰던 인물이다.

32. 민응식 (1844~?)
1882년에 과거에 급제했는데, 그 해에 임오군란이 일어나자 장호원의 자기 집을 명성황후의 은신처로 제공했다.

대원군은 자신의 맏아들 이재면을 훈련대장, 호조판서, 선혜청 당상 등을 겸하게 하고, 병권과 경제권을 장악했다.

하지만 대원군에겐 여전히 큰 고민이 있었다.

"아무래도 중전이 궁궐을 빠져 나간 듯 해."

대원군은 전국에 군대를 풀어 샅샅이 뒤지며 명성황후를 잡으려 했지만, 여주의 민응식 집에 숨어 있던 명성황후를 체포하지 못했다.

대원군은 생각 끝에 명성황후가 변란 중에 죽은 것으로 꾸미고 일단 장례 절차를 밟았다. 하지만 고종의 반발이 만만치 않았다.

"시신도 찾지 못했는데, 어떻게 장례를 치른단 말입니까? 그럴 수는 없는 일입니다."

"지금 중전의 장례를 치르지 않으면 난을 일으킨 군인들이 그냥 물러나지 않을 것이외다."

그랬다. 임오군란을 일으킨 군인들은 명성황후가 살아 있는 한 대궐에서 물러날 수 없다고 버티고 있었다.

만약 명성황후가 살아 있어 다시 집권하게 되면 임오군란을 주동한 자들이 처형을 당할 것은 불을 보듯 뻔한 일이었기 때문이다.

"저들을 진정시키기 위해서라도 장례를 치러야 하오."

고종은 결국 대원군의 그런 주장에 밀리고 말았다.

하지만 고종 외에도 많은 대신들이 국상[33]에 대해 반대하고 있었다. 하지만 대원군은 장례를 밀어 붙였다.

33. 국상
나라의 백성 전체가 함께 치르는 장례다. 대개 왕이나 왕비, 왕대비 등의 초상을 일컫는다.

결국 명성황후의 국상은 시신 없이 빈 관으로 치러졌다.

그 무렵, 명성황후는 궁궐 안에 있던 자신의 수족 홍상궁과 내통하여 고종에게 자신이 살아 있다는 사실을 알렸다. 그리고 명성황후의 측근들은 은밀히 중국에 사람을 보내 구원을 요청했다.

그러자 청나라의 학자 장패륜이 청 황제에게 말했다.

"좋은 기회입니다. 이 기회에 조선에 군대를 보내 조선을 아예 장악해 버려야 합니다. 그래야만 앞으로 일본의 침입을 막을 수 있습니다."

"좋은 생각이오. 즉시 군대를 보내시오."

청 황제는 곧 리홍장의 부대에서 3천 명을 선발하여 조선으로 파견했다. 3천 명을 이끌고 온 인물은 청나라 장수 오장경과 원세개였다.

청나라 군함이 조선으로 오고 있다는 소리를 들은 대원군은 몹시 우려했다.

"청군이 우리 땅에 들어오면 큰일이다. 저놈들은 필시 우리 조선을 집어삼키려 할 텐데, 이 일을 어쩌면 좋단 말인가?"

하지만 당시 대원군은 청나라 군대의 진주를 막을 방도가 없었다.

한편, 인천 앞바다에 도착한 원세개와 오장경은 자신들의 군함으로 대원군을 초청했다. 대원군이 군함에 들어오면 바로 붙잡아 청나라로 압송할 심산이었다.

대원군은 청군이 자신을 납치하려는 계획을 눈치채지 못하고 청나라 군함으로 들어섰다. 원세개와 오장경은 그 길로 대원군을 납치한 뒤, 군함에 실어 자신들의 상관인 리홍장에게 보내버렸다. 리홍장은 대원군을 바오딩의 작은 가옥에 가두고, 그곳에서 유배 생활을 하도록 했다.

이렇게 대원군이 제거되자, 명성황후는 대궐로 돌아왔다. 그러나 그녀는 몹시 근심스러웠다.

"내 목숨을 살리기 위해 청군을 끌어들이긴 했지만, 저놈들이 쉽사리 물러나지 않을 터이니, 정말 걱정이구나."

명성황후의 근심대로 조선은 청군에게 완전히 장악당한 상태였다. 군권은 원세개의 3천 군대가 모두 장악하고 있었고, 외교권은 리홍장이 보낸 묄렌도르프에 의해 장악되었으며, 경제권 역시 재정 고문으로 파견된 중국인 진수당에 의해 좌지우지되었다.

이후, 원세개는 군대를 앞세워 고종을 협박하며 조선을 청나라의 속국으로 만들어갔다. 결국 원세개는 1882년 8월 28일에 조선과 외교 협정을 맺고, 그 협정 문안에 조선이 청나라의 속국이라는 구절을 넣었다.

"자, 이제 조선 왕이 우리 청나라의 속방이 되었음을 약속했으니, 이 내용을 숭례문(남대문)에 붙이도록 하라."

그 시간에 청나라 장수 오장경은 고종을 협박하고 있었다.

"이제 외교에 관한 모든 일은 일체 청나라에 문의하시오."

고종은 어금니를 깨물며 속으로 분개했지만 어쩔 도리가 없었다.

갑신정변 주역들
왼쪽부터 박영효, 서광범, 서재필, 김옥균이다.

34. 김옥균 (1851~1894)
안동 김씨 세도정치가였던 김병기의 양자이며, 개화운동가다. 오경석, 유홍기, 박규수 등의 영향을 받아 개화사상을 익혔고, 문과에 급제하여 벼슬을 얻었다. 이로부터 본격적으로 정치집단을 만들어 개화운동을 벌였다.

35. 박영효 (1861~1939)
철종의 사위로 박규수와 오경석 등 실학파들의 문하에서 배웠다. 1884년에 개화당을 이끌고 갑신정변을 일으켰으나 혁명이 실패로 끝나자 일본으로 망명했다.

그 시간, 김옥균[34]과 박영효[35] 등이 중심이 된 개화 세력은 청나라 군대를 내쫓고 조선에 개화당이 정권을 장악하기 위한 계획을 짜고 있었다.

김옥균과 박영효, 홍영식[36], 서재필[37] 등이 중심이 된 개화당은 곧 혁명을 도모하기 위해 구체적인 작업에 들어갔다.

철종의 부마인 박영효는 1883년 3월에 한성판윤으로 있다가 광주유수로 좌천되자, 그곳에서 약 500명의 장정을 모집하여 군대를 양성했다.

박영효 외에도 윤웅렬[38]이 함경남도 병사로 있으면서 500명의 장정을 모집하여 역시 신식군대를 양성하고 있었다.

또한 김옥균은 한양에서 충의계라는 비밀결사를 만들어 신복모라는 인물에게 지휘를 맡겼다.

"충의계는 혁명의 선봉일세. 그러니 자네의 어깨가 무거워."

"걱정 마십시오. 우리 43명의 충의계는 목숨을 바쳐 이 나라를 구할 것입니다."

그 무렵, 국제 정세에도 큰 변화가 있었다. 1884년 봄부터 청나라와 프랑스 사이에 전운이 감돌고 있었고, 이 때문에 한양에 주둔하던 청군 3천 병력 중에 절반이 안남 전선으로 이동해 갔다.

마침내 1884년 청과 프랑스 사이에 청불전쟁이 발생하자, 김옥균은 때가 왔다고 판단했다. 그리고 그 해 9월에 청군의 푸센

함대가 프랑스 군대에 패배했다는 소식을 접한 개화당은 바로 정변의 단행을 결정했다.

"우리 혁명은 10월 17일에 결행할 것이오."

그 해, 음력 10월 17일(양력 12월 4일)엔 홍영식이 총판으로 있던 우정국 낙성식이 예정되어 있었다.

"혁명을 단행하면 주상 전하와 왕비 전하는 경우궁[39]으로 모시고, 걸림돌이 되는 인물들은 모두 제거해야 하오."

"이번 거사엔 일본 공관 병력 150명도 지원하기로 되어 있소. 거사는 반드시 성공할 것이오."

그랬다. 당시 일본 공사였던 다케조가 개화당의 부족한 군대를 보충하기 위해 일본 공사관 호위 병력 150명을 정변에 동원해주기로 약속했던 것이다. 뿐만 아니라 일화 3백만 엔도 빌려주기로 약속했다.

그리고 드디어, 10월 17일 낙성식 날 개화당은 마침내 정변을 일으켰고, 김옥균을 비롯한 핵심 세력은 곧 국왕의 이름으로 수구파들을 불러들여 처형하기 시작했다.

"민태호와 민영목, 한규직, 윤태준, 이조연을 불러들여 죽여야 해."

개화당은 계획대로 그들을 모두 살해했다. 하지만 민태호의 아들 민영익은 큰 부상을 입고 구사일생으로 살아남았다.

이렇게 해서 일단 정변에 성공한 개화

36. 홍영식 (1855~1884)
영의정 홍순목의 아들로 박규수와 유홍기에게서 개화사상을 익혔다. 갑신정변의 실패로 지도부가 거의 일본으로 망명할 때 박영교와 함께 고종을 호위하다가 청군에게 살해되었다.

37. 서재필 (1864~1951)
개화당의 일원이며, 정치가이자 독립운동가다.

38. 윤웅렬 (1840~1911)
일제 강점기 때 민족운동가였던 윤치호의 아버지이며, 무장 출신의 개화론자였다.

39. 경우궁
제23대 왕인 순조의 생모 수빈 박씨의 사당이다.

우정국 전경

정식 명칭은 우정총국이며, 조선 말기에 우체 업무를 담당하던 관청이다.

서울시 종로구 견지동

40. 서광범 (1859~1897)
순조 때 영의정을 지낸 서용보의 증손으로 박규수, 오경석, 유홍기 등의 영향을 받아 개화당 조직에 가담했다.

41. 박영교 (1849~1884)
박영효의 형이며, 개화당의 핵심 인물이다. 정변이 실패하자 대다수 핵심 세력은 일본으로 도피했으나 그와 홍영식은 고종을 호위하기 위해 끝까지 싸우다가 사대당에 의해 살해되었다.

42. 심상훈 (1854~?)
수구당의 일원으로 민비의 측근이다.

파는 계획대로 고종과 명성황후를 규모가 작아 수비하기 좋은 경우궁에 모셔놓고, 신정부 수립에 착수했다.

개화당 대표에는 홍영식이 선임되었고, 재정은 김옥균, 군사는 박영효와 서재필, 외교는 서광범[40], 국왕의 비서실장은 박영교[41]가 맡았다.

"이제 각 나라의 외교관들을 초청하여 새 정부가 수립되었음을 공포하면 혁명은 성공한 것입니다."

한편, 개화당의 정변 소식을 들은 원세개는 몹시 당황했다. 원세개는 곧 개화당의 지지자로 위장한 심상훈[42]을 경우궁으로 들여보내 명성황후를 만나게 했다.

"경우궁은 좁아서 적은 병력으로도 수비가 가능합니다. 그러니 마마께서는 창덕궁으로 환궁하자고 주장하소서."

명성황후는 그 말을 듣고 고종에게 창덕궁 환궁을 건의했다. 고종은 곧 김옥균을 불러 창덕궁으로 옮겨야 하겠다고 말했다. 하지만 김옥균은 이를 들어주지 않으려 했다. 꼭 옮겨야 하겠다면 경우궁 옆의 계동궁으로 옮기자고 하였다.

하지만 명성황후는 고집을 꺾지 않았다. 혼자라도 창덕궁으로 가겠다는 명성황후의 말에 김옥균은 완강히 반대했다.

그때 일본 공사 다케조가 끼어들었다.

"우리 군사들이 동원되면 창덕궁도 충분히 수비할 수 있습니다. 그쪽으로 옮기시지요."

"다케조 공사, 지금 무슨 소리를 하는 거요? 옮겨가면 우리는 병력이 열세라서 이길 수가 없어요."

"우리 일본의 신식 병력 150명이면 청군 1500명을 상대할 수 있소이다."

결국 다케조의 주장에 밀려 개화당은 창덕궁으로 옮겨갔다. 하지만 창덕궁으로 옮겨간 것이 화근이었다. 창덕궁은 너무 넓어 800명 남짓한 개화당 군대와 일본군 150명만으로 수비할 수 없었던 것이다.

원세개는 개화당이 창덕궁으로 옮겨갔다는 소리를 듣고 회심의 미소를 지었다. 그리고 원세개는 12월 6일 오후 3시 청군 1500명을 창덕궁으로 진격하도록 했다. 그러자 개화당 군대의 방어선은 순식간에 무너졌다. 또한 함께 창덕궁을 지키고 있던 일본군은 상황이 불리하게 전개되자, 싸우지도 않고 일본 공사관으로 철수해 버렸다.

결국 이렇게 하여 개화당이 일으킨 갑신정변[43]은 불과 3일 만에 붕괴되고 말았다. 그러자 정변을 주도했던 김옥균, 박영효, 서광범, 서재필, 변수 등 9명은 일본으로 망명했고, 홍영식과 박영교 등은 피살되었다.

43. 갑신정변
1884년 갑신년 10월 17일 (양력 12월 4일)에 개화당이 정치개혁을 위해 일으킨 변란이다. 정변의 핵심 인물은 김옥균, 박영효, 서광범, 박영교, 서재필 등이었다.

동학농민운동과 을미사변

갑신정변의 실패는 조선에겐 엄청난 타격이 아닐 수 없었다. 미래를 이끌고 갈 젊은 인재들이 거의 모두 사라져 버렸던 것이다.

"이제 누구와 함께 이 나라의 미래를 만들어간단 말인가?"

고종이 그런 비탄한 심정에 휩싸여 있을 때, 청나라와 일본 양국이 서로 조선 땅을 먼저 장악하기 위해 다투고 있었다.

한편, 청나라에서 유배 생활을 하고 있던 대원군은 1885년에 조선통상사무전권위원으로 부임하던 원세개와 함께 귀국했다.

그런 상황에서 명성황후는 새로운 강자로 부상하고 있던 러시아에 의지하여 조선을 지킬 계획을 짰다.

"일본도 청나라도 모두 이 조선 땅을 삼키려고 하고 있다. 그러니 러시아를 끌어들여 놈들의 야욕을 막아야 한다."

명성황후는 결국 고종을 움직여 1886년에 러시아와 조약을 맺었다.

그렇듯 나라가 풍전등화의 위기에 놓여 있었지만, 지방의 관리들은 여전히 백성들을 수탈하고 있었다.

이 무렵, 조선 땅에는 새로운 민중 세력이 등장하고 있었는데, 바로 동학이었다. 동학을 일으킨 사람은 최제우[44]였다. 그는 만민이 모두 평등하다는 인내천 사상을 앞세워 서양 세력에 대항할 새로운 힘을 키우기 위해 1861년에 동학을 창시했다. 하지만 그는 1864년 백성들을 현혹시킨다는 죄명을 쓰고 처형되고 말았다.

최제우에 이어 최시형[45]이 동학의 제2대 교주가 되었는데, 이때 동학교도는 전국적으로 크게 늘어났고, 수많은 농민들이 동학 이념을 배웠다.

그런 가운데, 1892년 전라도 고부군에 조병갑[46]이라는 자가 군수로 왔다. 조병갑은 농민들에게 과중한 세금을 부과하고 무

---

44. 최제우 (1824~1864)
동학의 창시자로 경주 출신이며, 호는 수운이다.

45. 최시형 (1827~1898)
동학의 제2대 교주이며, 호는 해월이다.

46. 조병갑
조선 말기의 탐관오리로 1892년에 전라도 고부군수가 되었다. 백성들의 재물을 탈취하고 학정(국민을 괴롭히는 정치)을 일삼았다.

고한 사람의 재물을 마음대로 갈취했다. 또 이에 대항하는 백성들에게 가차없이 무서운 형벌을 가했다.

조병갑의 학정이 극에 달하자 고부 주민들을 대신하여 전창혁이라는 인물이 관청에 면세를 신청하는 탄원서를 냈다. 하지만 조병갑은 전창혁을 잡아들여 극심한 매질을 가할 뿐이었다. 전창혁은 거의 초주검이 되어 집으로 업혀왔고, 매에 맞은 장독으로 돌아온 지 한 달 만에 죽고 말았다.

조병갑의 횡포는 거기서 그치지 않았다.

"오늘날 나 조병갑을 있게 한 위대한 우리 아버지를 위해서 비석을 세울 터이니, 고을 주민들로부터 천 냥을 걷도록 하라!"

그러자 전창혁의 아들 전봉준[47]이 동학교도들에게 사발통문을 보내 모이게 했다. 몰락한 양반이었던 전봉준은 당시 마을에서 아이들에게 글을 가르치며 훈장 노릇을 하고 있었고, 동학에 입교하여 고부 지역의 접주[48]로 있었다.

"더 이상 조병갑의 학정을 지켜 보고 있을 순 없다. 우리 동학교도가 분연히 떨쳐 일어나 조병갑을 응징하고 다시는 저런 탐관오리가 설치지 못하는 세상을 만듭시다."

동학 농민군의 봉기는 그렇게 시작됐다. 1894년 1월 10일 새벽, 1천여 명의 농민군이 이마에 흰 띠를 두르고 죽창과 농기구를 무기삼아 말목장터에 집결했다.

전봉준은 곧 농민군을 이끌고 조병갑이 머물고 있던 고부 관아를 들이쳤다. 하지만 조병갑은 이미 농민군이 몰려온다는 소식을 듣고 전주 감영으로 달아난 상태였다.

47. 전봉준 (1855~1895)
동학농민운동의 지도자다. 호는 해몽인데, 몸이 왜소했기 때문에 흔히 녹두라고 불렸다. 동학농민운동의 선봉에 선 그를 '녹두장군'이라 부르기도 했다.

48. 접주
동학을 전파하는 포교당의 책임자나 우두머리를 가리키는 말이다.

49. 안핵사
지방에서 큰 사건이 일어났을 때 이를 처리하기 위해 파견한 임시관직이다. 대개는 민란이 발생했을 때 긴급대책을 세우고 사건을 수습하기 위해 파견되었다.

50. 손화중 (1861~1895)
동학의 정읍대접주였으며, 동학농민운동을 이끌었다.

51. 김개남 (1853~1895)
동학의 태인대접주였다. 그는 손화중과 함께 전라도 동학을 이끌었으며, 동학군 총관령에 오르기도 했다.

52. 김덕명 (1845~1895)
동학의 금구대접주였다. 1894년에 전봉준, 김개남, 손화중과 더불어 호남창의소를 설치했고, 금구의 원평에서 막강한 세력을 가졌다.

한편, 고부에서 농민들이 봉기했다는 소식을 접한 고종은 즉시 조병갑을 처벌했다.

"학정을 일삼던 조병갑을 잡아들이고, 용산 현감 박원명을 신임 고부군수로 임명한다. 또한 이용태를 안핵사⁴⁹로 임명하니, 이용태는 즉시 고부로 가서 그곳을 안정시키라."

그런데 고부로 내려온 안핵사 이용태는 백성들을 안심시키기는커녕 동학교도를 붙잡아 탄압하기 시작했다.

그때 전봉준은 농민군을 이끌고 백산에 주둔하고 있었다. 전봉준은 이용태가 대대적인 탄압을 가하자, 다시 사발통문을 돌려 농민들을 끌어 모았다. 그 결과 백산에 집결한 농민군은 1만 명으로 불어났다.

그때부터 전봉준은 농민군의 동도대장으로 추대되었고, 손화중⁵⁰과 김개남⁵¹은 총관령, 김덕명⁵²과 오시영은 총참모, 최경선은 총솔장, 송희옥과 정백현은 비서에 임명되었다.

"이제 이 땅에서 일본군을 몰아내고, 자주 국가를 건설하여 모든 백성이 평등하게 사는 세상을 만듭시다."

전봉준은 싸움에 앞서 살인과 도둑질을 엄격히 금지하고 일본인과 권력 귀족들을 몰아내는 것을 목표로 한 4대 강령을 발표했다.

전투 태세를 갖춘 농민군은 그 해 4월 4일 부안을 점령하고, 다시 4월 7일에는

전봉준
동학 농민군을 이끌었던 전봉준이 잡혀가는 모습이다.

정읍, 흥덕, 고창 지역을 장악했다. 그리고 영광, 함평, 무안 일대를 거쳐 마침내 4월 27일에 전주성을 점령했다.

관군의 힘으로는 동학군을 막을 수 없게 되자 조정에서는 청군을 불러들였다. 이때 청군과 일본군은 서로 약조 아래 모두 조선에서 철수한 상태였는데, 조선 조정이 농민군의 봉기를 막기 위해 다시 불러들인 것이다.

청나라 군대가 조선에 진출하자, 일본 군대 역시 조선으로 진출했다.

"아, 우리의 봉기가 저들 외세를 끌어들이는 결과를 낳는다면, 우리가 나라를 망쳤다는 소리를 듣게 될 것이다."

이런 판단 아래 전봉준은 싸움을 중단하고 관군과 타협했다.

"향후 전라도 지역은 우리 동학군이 집강소를 설치하여 다스릴 것이니, 이를 보장한다면 싸움을 중단하겠소."

그러자 관군 협상 대표였던 홍계훈[53]이 전봉준의 제의를 모

53. 홍계훈 (?~1895)
임오군란 때 명성황후를 궁궐에서 탈출시킨 인물이다.

두 수용했다. 그 결과 전라도 지역 53개 군에 모두 집강소가 설치되었고, 전주 감영에는 대도소가 설치되었다.

하지만 동학군의 자치행정은 오래가지 못했다. 당시 조선 내에는 일본과 청나라가 서로 으르릉거리며 서로 조선을 차지하기 위해 싸우고 있었는데, 마침내 양측은 전쟁으로 치달았다. 이것이 바로 1894년에 일어난 청일전쟁이다.

청과 일본의 전쟁은 결국 일본의 승리로 끝났다. 그러자 전봉준과 동학교도들은 일본의 손아귀에서 나라를 구하기 위해 다시 봉기를 일으켰다.

"일본이 우리나라를 식민지로 만들려고 하고 있소이다. 저들 일본놈들을 몰아내고 자주 국가를 이룹시다."

제2차 봉기에 동원된 농민군의 숫자는 무려 20만 명이었다. 그리고 그 해 10월에 10만의 부대가 공주성을 포위하고 공격을 개시했다. 하지만 그만 패배하고 말았다. 농민군은 숫자만 많았을 뿐 무기가 형편없어 신식 무기로 무장한 일본군의 상대가 되지 않았던 것이다.

그 해 11월, 우금치 전투에서 농민군은 크게 패배했고, 전봉준은 급기야 쫓기는 신세가 되었다.

그 뒤로 전봉준은 정읍과 순창 등지로 몸을 피하면서 숨어 다녔으나 현상금을 탐낸 부하 김경천의 밀고로 체포되어 1895년 3월 29일, 손화중, 최경선, 김덕명, 성두한 등의 동지들과 함께 사형에 처해졌다.

동학이 무너지자, 더 이상 방해거리가 없어졌다고 판단한 일

집강소와 대도소

집강소는 동학 농민군이 전라도 각 고을에 설치하였던 민정기관을 가리킨다. 동학포교당의 우두머리인 접주를 집강이라고도 한다. 그 집강이 다스리는 곳이라는 뜻이다. 대도소는 동학 농민군이 도에 설치한 기관이다. 이곳에서는 집강소의 일반 행정을 관리한다.

본 공사 미우라는 고종을 협박하기 시작했다.

"이제, 조선은 우리 대 일본의 보호를 받아야만 살 수 있소. 그러니 모든 문제는 반드시 우리 일본의 허락을 받도록 하시오."

한편, 명성황후는 일본의 강한 간섭에서 벗어나기 위해 러시아를 끌어들여 일본을 견제하고자 했다.

"전하, 러시아에 의존하여 일본을 몰아내야 합니다. 일본은 지난번 청일전쟁에서 이겨서 청나라 요동반도를 빼앗았다가 서구의 러시아, 독일, 프랑스의 반대로 도로 돌려줬습니다. 그러니 러시아를 우리 방패막이로 삼아야 합니다."

그런 명성황후의 의중을 파악한 일본 공사 미우라는 낭인들을 동원하여 명성황후를 살해할 계획을 짰다.

1895년 8월, 미우라는 결국 무사들을 동원하여 궁궐에 침입한 후 명성황후를 살해하고, 시신을 불태워 버렸다. 이것이 곧 을미사변이다.

을사조약과 고종의 퇴위

을미사변으로 왕비를 잃은 고종은 중대한 결심을 하게 된다.

"이렇게 있다간 일본놈들 손에 내 목도 달아날 것이다."

고종은 그런 판단 아래 러시아 영사관으로 몸을 피해 버렸다. 이 사건이 바로 아관파천[54]이다. 이 일은 미우라를 몹시 당혹스럽게 했다.

"이렇게 되면 러시아가 조선을 좌지우지 하게 되는 것 아닌가."

미우라의 말대로 그 뒤론 조정이 모두 러시아의 힘에 의지하자고 주장하던 친러파들로 채워졌다.

하지만 일국의 왕이 남의 나라 외교 공관에서 업무를 본다는 것은 그야말로 수치스런 일이었다. 그 때문에 백성들은 고종이 빨리 궁궐로 돌아올 것을 촉구했다. 고종은 결국 1897년 2월에 궁궐로 돌아왔다. 그리고 국호를 대한제국으로 바꾸고, 황제에 올랐다.

그러나 그 뒤로 고종의 삶은 훨씬 더 고달파졌다.

서재필이 이끌던 독립협회는 만민공동회를 만들어 자유민권 운동을 전개하였고, 고종은 보부상[55]들의 집단인 황국협회[56]를 동원하여 독립협회를 공격해야만 했다. 결국 우리 백성들끼리 싸우는 양상이 벌어진 것이다.

그런 상황에서 1904년에 일본과 러시아 사이에서 러일전쟁[57]이 벌어졌는데, 고종의 기대와는 달리 일본이 러시아를 무너뜨

54. 아관파천
1896년 2월 11일에 친러시아 세력과 러시아 공사가 공모하여 비밀리에 고종을 러시아 공사관으로 옮겨가게 한 사건이다.

55. 보부상
시장을 중심으로 돌아다니며 장사를 하는 봇짐장수(보상)와 등짐장수(부상)를 일컫는다.

56. 황국협회
1898년에 왕정을 유지하려는 수구파가 보부상을 앞세워 독립협회에 대항하기 위해 조직한 단체다.

57. 러일전쟁
1904년에 일본과 러시아 사이에 벌어진 전쟁이다. 일본은 이 전쟁에서 승리하여 동아시아 지역의 맹주로 부상하고, 조선에 대한 압박을 강화했다.

리고 승리해 버렸다.

"이제 이 나라는 일본에게 먹히는 일만 남은 것인가!"

고종의 염려대로 일본은 고종을 압박해 1905년에 을사조약을 체결하고, 대한제국의 모든 외교권을 장악했다.

"안 되겠다. 이번엔 미국에 도움을 청해봐야겠다."

고종은 미국 공사로 와 있던 헐버트에게 밀서를 보내 을사조약을 무효로 만들어줄 것을 청했다.

하지만 헐버트의 입장은 고종의 기대와는 달랐다.

"우리 미국은 필리핀을 가지고, 일본은 조선을 가지면 되는 거야."

당시 미국은 일본과 가쓰라 태프트 협정을 맺어 대한제국을 일본에 넘겨주기로 밀약을 해둔 상태였던 것이다.

고종은 미국에 도움을 청한 것이 실패하자, 1907년 6월에 네덜란드 헤이그에서 개최된 제2차 만국평화회의에 특사를 파견했다. 이때 특사로 간 사람은 이준[58]과 이상설[59]이었다.

고종은 또 다른 한편으론 러시아의 니콜라이 2세에게 친서를 보냈다. 대한제국의 두 특사를 지원해달라는 내용이었다.

그러나 이준과 이상설은 헤이그에서 제대로 활동하지 못했다. 영국과 일본이 철저히 그들의 행동을 방해했기 때문

58. 이준 (1859~1907)
1907년에 네덜란드 헤이그에서 열린 만국평화회의에 고종의 특사단의 부사로 파견된 인물이다.

59. 이상설 (1870~1917)
이준과 함께 헤이그에 파견된 고종의 특사였다.

을사조약문

1905년 11월 17일에 일본이 조선의 외교권을 박탈하기 위하여 강제로 체결한 조약문이다. 이 조약문으로 외교권이 박탈된 조선은 외국에 있는 외교 기관이 전부 폐지당했다.

독립기념관 소장

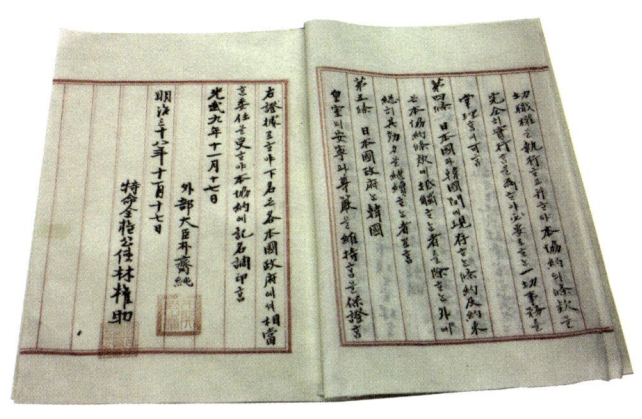

조선사 이야기

제26대
고종
가계도

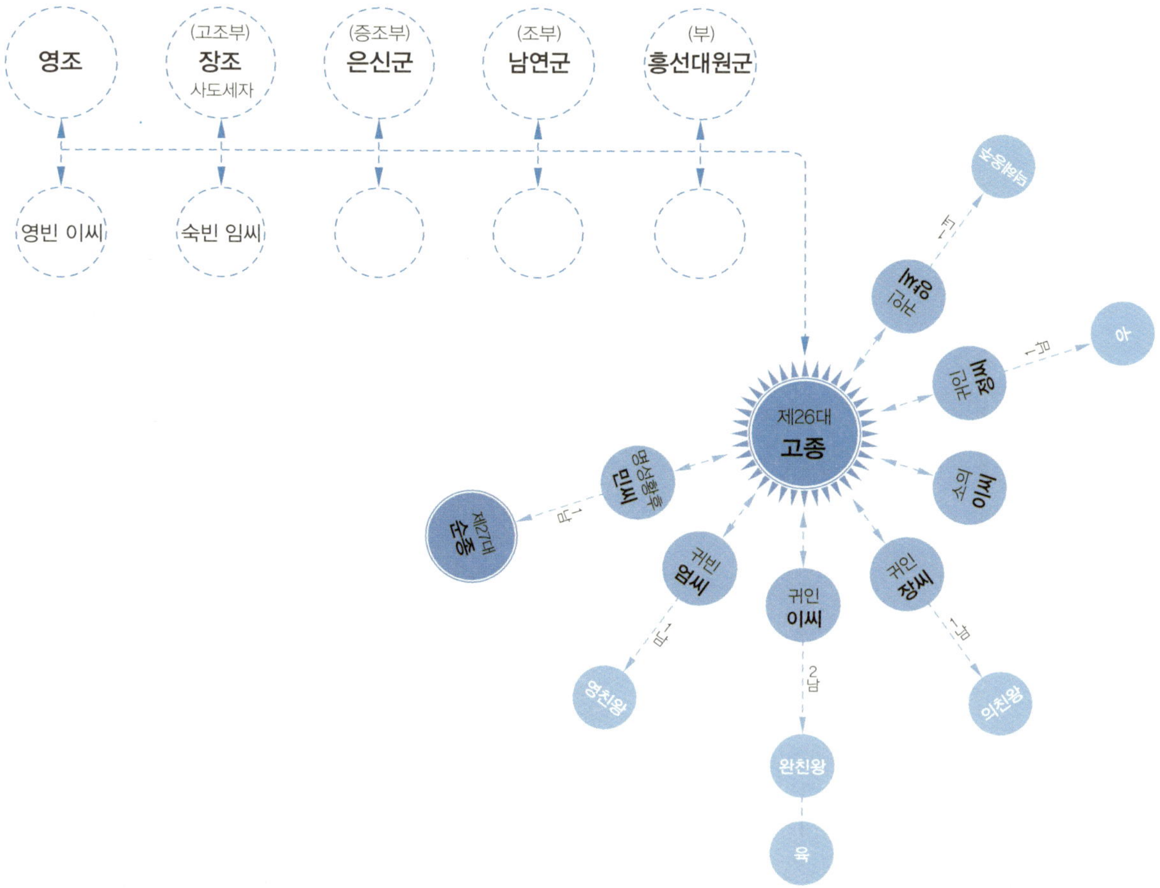

(고조부) (증조부) (조부) (부)
영조   장조   은신군   남연군   흥선대원군
        사도세자

영빈 이씨   숙빈 임씨

제26대 고종

명성황후 민씨 — 1남 — 제27대 순종
귀비 엄씨 — 1남 — 영친왕
귀인 이씨 — 2남 — 완친왕 — 육
귀인 장씨 — 1남 — 의친왕
귀인 이씨
소주
장씨 — 1녀 — 덕혜옹주
양씨

이다.

또한 일본은 헤이그에 특사를 파견한 고종을 문책했다. 그리고 이에 대한 책임을 물어 결국 1907년 7월 20일 고종을 강제 퇴위시켰다.

고종은 일본의 강압을 이기지 못해 순종에게 선위한 후 태황제로 물러났고, 1910년 일제가 대한제국을 무력으로 합병하자, 이태왕으로 불리다가 1919년에 68세를 일기로 생을 마감했다. 고종의 장례일인 1919년 3월 1일에는 전국적으로 우리 백성들이 일어나 만세 운동을 전개하기도 했다. 이것이 '삼일운동'이다.

헤이그 특사
이준, 이상설, 이위종의 모습이다.

고종의 생애

고종은 남연군 이구의 아들 흥선대원군 이하응의 차남으로 여흥 순목대원비 민씨 소생이다. 1852년 7월 25일 정선방에서 태어났으며, 아명은 명복, 처음 이름은 재황, 고친 이름은 형, 자는 성림, 호는 성헌이다.

고종이 왕위에 오른 것은 효명세자(익종)의 부인 신정왕후 조씨와 이하응의 결탁에 의한 것이었다. 당시 조정은 안동 김씨가 장악하고 있었는데, 이에 불만을 품고 있던 대비 조씨는 철종이 죽자, 이하응을 불러들였다. 그리고 이하응의 차남 이재황을 익종의 양자로 삼아 익성군으로 봉하고 1863년 12월에 왕위를 잇게 했던 것이다.

안동 김씨 정권을 몰아내는 것을 목표로 삼은 조대비는 이하응을 흥선대원군에 봉하고 섭정의 대권을 그에게 위임시켜 조정을 이끌게 했다.

대권을 넘겨받은 대원군은 안동 김씨의 세도 정치를 무너뜨리고 쇠락한 왕권을 되찾기 위해 과감한 개혁 정책을 추진했다.

하지만 정작 고종이 성인이 되어 친정을 하려고 하자 흥선대원군은 쉽게 물러나지 않았다.

고종은 결국 명성황후와 유림, 조정의 원로를 앞세워 대원군을 압박하여 물러나게 했다.

대원군이 물러난 뒤에 조선 조정은 강화도 조약을 통해 일본에 개항을 하였고, 1882년 임오년에 군란이 일어나 대원군이 다시 조정을 장악했다. 하지만 청나라 군대가 조선에 진주해 대원군을 납치하면서 조선은 외국 군대에 짓

고종 어진
고궁박물관 소장

밟히는 수모를 겪기 시작했다.

 1884년에 개화당이 일본을 등에 업고 갑신정변을 일으켜 국면 전환을 꾀했으나 삼일천하로 끝났으며, 동학교도를 중심으로 한 농민들이 1894년에 동학농민운동을 일으켜 반외세, 반봉건의 기치를 내걸었다가 일본군에 의해 진압되었다.

 그 뒤로 조선은 급격히 망국의 길을 걸었다. 1895년에 청일전쟁에서 승리한 일본은 러시아를 끌어들여 일본군을 몰아내려 했던 명성황후를 살해했고, 고종은 급기야 러시아 영사관으로 몸을 숨기는 아관파천을 단행했다.

 1년여 동안 지속된 고종의 아관 생활은 1897년에 종지부를 찍었고, 이어 국호를 대한제국으로 고치고 연호를 광무라 하여 황제를 칭하게 되었다. 하지만 그것은 이름뿐인 황제였고, 국운은 더욱 기울어만 갔다.

 일본은 1904년에 러일전쟁에서 승리하면서 조선 식민화 계획을 노골화했고, 그것은 1905년의 을사조약, 1910년의 무력합방으로 이어졌다.

 그 과정에서 1907년 7월에 고종은 일본에 의해 강제로 퇴위 당하는 수모를 겪어야 했고, 1919년 1월 경운궁 함녕전에서 68세를 일기로 생을 마감했다.

 그의 국상이 거행되던 3월 1일엔 전국적으로 만세운동이 일어나 독립의 열기를 달궜지만 실패로 끝났다.

 일본은 그에게 고종이라는 묘호를 올렸고, 대한제국 이후 태황제로 불렸으니, 고종태황제라 하였다. 이 외에 수십 자가 되는 긴 시호와 존호가 추가되었으나 망국의 왕에겐 별 의미가 없었다. 능은 경기도 양주군 미금면 금곡리에 마련되었으며, 능호는 홍릉이다.

 그는 정비 1명과 후궁 6명에게서 적자 1명, 서자 5명, 서녀 1명을 얻었다.

고종의 왕비

명성황후 민씨 (1851~1895)

명성황후는 망국을 향해 치닫던 조선을 구하기 위해 안간힘을 쓰다가 일본의 자객들에 의해 잔인하게 살해된 불행한 인물이다.

여흥 민씨 치록의 딸인 그녀는 1851년 9월 25일 경기도 여주 근동면 섬락리의 사저에서 태어났다.

대원군이 부인의 천거를 받아들여 민치록의 딸을 택한 것은 치록이 죽고 없는 데다 자손이라곤 양자 민승호 외엔 명성황후 한 명뿐이었기 때문이다. 외척의 세도정치에 치를 떨었던 대원군은 가세가 기울어 외척들이 발호하지 않을 만한 집안을 원했고, 명성황후가 그런 조건에 맞았기 때문이었다.

그녀는 아버지 민치록에게서 글을 배웠는데, 두세 번만 읽으면 암송할 정도로 머리가 좋았다. 또 책 읽는 것을 좋아하여 여자로서는 드물게 역사에 관심이 깊었고, 역대 왕들의 행적과 치세를 훤히 꿰뚫었다. 심지어 야사나 《국조보감》에 실린 내용까지도 잘 알고 있었다.

치록이 민유중의 5대손이었기 때문에 그녀는 인현왕후가 자란 집에서 성장했다.

그녀가 왕비 후보로 선발된 것은 1866년 16세 때였다. 이후 그녀는 별관에서 《소학》, 《효경》, 《여훈》 등의 책을 공부해야 했고, 이듬해 3월 20일에 정식으로 왕비에 책봉되었다.

그녀가 왕비에 올랐을 때, 조대비가 수렴청정을 끝낸 상태였고, 왕권은 흥선대원군이 행사하고 있었다.

그녀가 왕비로 책봉된 지 1년 만에 고종의 후궁 이씨가 아들 완화군을 낳았는데, 대원군은 완화군을 세자로 책봉하려 했다. 이 일로 그녀는 대원군과 등을 지게 되었다.

대원군에 대한 그녀의 반격은 고종이 20세가 되던 1871년부터 본격화되었다.

당시 고종은 아버지의 그늘에서 벗어나 왕으로서 권한을 행사하려는 뜻을 내비쳤는데, 그녀가 고종을 격려하였던 것이다. 하지만 대원군이 쉽게 물러나려 하지 않자, 그녀는 조정의 노론 세력을 움직여 대원군을 압박해 결국 정계에서 밀어냈다. 대원군을 정계에서 밀어낸 결정적인 계기는 대원군에 대한 최익현의 탄핵상소였다.

이후 그녀는 자신의 친정인 민씨 척족들을 대거 영입하여 정권을 장악했다.

그러고는 대원군의 쇄국정책 기조를 무너뜨리고, 일본과 강화도조약을 맺어 개화의 기틀을 마련하고자 했다. 그러나 강화도조약은 오히려 그녀에게 악재로 작용했다. 불평등한 이 조약은 쇄국 세력의 위정척사운동에 빌미가 되었던 것이다. 거기다 개화의 일환으로 일본의 제의를 받아들여 무리하게 구식군대를 해체하고 신식군대를 조직하다가 재정이 한계에 이르러 임오군란을 유발했다.

임오군란 당시 그녀는 살해될 뻔했으나, 구사일생으로 궁궐을 탈출해 충주목사 민응식의 집에 피신한 덕분에 목숨을 구했다. 이때 궁궐은 이하응을 추대한 구식군대가 장악하고 있었는데, 그녀는 이 사태를 해결하기 위해 청나라에 구원을 요청했다.

한편, 대원군은 왕비가 죽었다고 공포하고 국장을 거행하려는 움직임을 보였으나 시신을 찾지 못해 많은 반발을 불러일으켰다. 그런 와중에 구원 요청을 받은 청나라 군대가 들어와 군란을 잠재우고 대원군을 납치하여 청나라로 데려갔고, 명성황후는 극적으로 궁궐로 돌아왔다. 하지만 그녀가 불러들인 청나라 군대는 쉽사리 돌아가지 않았고, 그녀 또한 청나라 군대에만 의존하는 경향을 보여 개화파의 불만을 유발했다.

개화파의 불만은 결국 1884년에 갑신정변으로 이어졌는데, 이때도 그녀는 청나라 군대의 지원을 받아 개화파를 몰아냈다.

갑신정변 후 그녀는 청나라의 한계를 절감하고, 외교면에서 여러 통로를 개척했다. 그녀의 외교적 노력은 강국으로 부상하고 있던 러시아와 친밀한 관계를 형성하여 조러조약을 체결하는 개가를 올렸다. 이는 급변하던 국제 정세에 대응하기 위한 조선의 자구책이었다.

하지만 이미 조선은 오랜 외척 독재로 국가 재정이 거덜나고 백성들의 삶은 극도로 피폐하여 민심이 완전히 떠난 상태였다. 그것은 급기야 1894년의 동학농민운동을 유발했다. 전라도 고부에서 촉발된 이 농민 봉기는 순식간에 전국적으로 번졌고, 조

선은 순식간에 극도의 혼란으로 빠져 들었다.

이때 청나라에서 돌아온 대원군은 재집권을 노렸으나 동학농민운동의 실패로 성사되지 못했고, 일본은 군대를 개입시켜 조선에 대한 영향력 확대를 꾀했다. 하지만 명성황후는 친러정책을 강화하여 일본의 영향력에서 벗어나려 했다.

당시 러시아는 영국, 독일과 삼국동맹을 맺어 국제적인 위상을 강화한 상태였기에 그녀의 친러정책은 매우 효과적인 것이었다.

이에 일본 공사 미우라는 조선에서 밀려날 것을 염려한 나머지 1895년 8월 20일에 을미사변을 일으켰다. 그는 대원군을 앞세워 명분을 확보한 뒤, 일본 군인과 낭인들로 하여금 왕궁을 습격토록 사주하여 그녀를 살해했던 것이다.

그녀를 살해한 일본인들은 시신을 불사르는 등 만행을 저질렀고, 고종으로 하여금 명성황후를 폐위하여 서인으로 전락시키도록 강요했다.

하지만 그 해 10월 10일 그녀는 신원되어 국장이 치뤄지고 숙릉에 안치되었다. 1897년 명성황후로 책봉되고, 11월 양주 천장산 아래로 이장되어 홍릉이라 하였고, 1919년 고종이 죽자 미금시로 다시 이장되었다.

그녀의 소생으로는 순종이 유일하다. 그녀는 원래 순종 외에도 3남 1녀를 더 낳았으나 모두 일찍 죽었다.

제27대 순종실록

조선왕조 몰락의 희생양이 된 순종

대한제국의 폐망과 순종의 폐위

1907년 헤이그 특사 사건으로 고종이 물러나자, 고종의 장남 순종이 황제에 올랐다. 그러나 순종은 허수아비나 다름없었다.

순종은 그야말로 일본이 합법적으로 조선을 식민국으로 만들기 위한 도구에 지나지 않았다.

1907년 7월, 순종 즉위 직후인 이때 일본은 이른바 '한일신협약'[1]이라는 정미7조약을 강요하여 대한제국의 국정을 모두 일본이 간섭할 수 있도록 했다. 이로써 일본에서 통감이 파견되어

각 부의 장관을 모두 임명하게 되었다.

그 뒤, 일본은 순종에게 말했다.

"황제, 이제 이 대한제국에 무슨 군대가 필요하겠소. 그만 군대를 해산하시오. 우리가 모두 지켜 줄 테니 염려 붙들어 매시오."

결국, 대한제국의 군대마저 해산되었다. 해산된 군인들은 격렬하게 저항하며 싸웠으나 일본군의 신식 무기 앞에 무너지고 말았다.

하지만 이때 저항한 군인들 중 상당수가 나중에 독립군에 가담했다.

그리고 1909년 7월, 마침내 일본은 순종에게 조선합병을 선언하고 황제의 자리에서 물러나라고 강요하였다.

일본은 조선을 합병하기 위해 러시아와 만주 문제를 상의해야 했는데, 이 때문에 일본은 조선 총독으로 와 있던 이토 히로부미를 만주에 파견했다.

그때, 이토 히로부미의 심장을 노린 인물이 있었으니, 바로 안중근[2] 의사였다. 안중근은 하얼빈 역에서 권총으로 이토 히로부미를 저격하여 죽이고, 일본 경찰에게 붙잡혀 처형되었다.

일본 천황 히로히토는 이토 히로부미의 죽음을 몹시 안타까워했다. 그러나 이토 히로부미 한 명을 죽였다고 해서 조선의 멸망을 막을 수는 없었다.

1910년 8월 29일, 일본은 친일세력인 이완용[3], 송병준[4], 이용구[5] 등을 중심으로 형성된 매국단체 일진회[6]를 앞세워 조선

---

1. 한일신협약
1907년에 일본이 조선을 강제로 점령하기 위한 예비 조치로 체결한 7개 항목의 조약이다.

2. 안중근 (1879~1910)
조선 침략의 원흉 이토 히로부미를 저격한 의병장이다.

3. 이완용 (1858~1926)
조선 말기의 문신이며 친일파로 대표적인 매국노다.

4. 송병준 (1858~1925)
친일반민족자로 이완용과 함께 나라를 팔아넘긴 매국노다.

5. 이용구 (1868-1912)
일제 침략의 앞잡이로 이완용과 마찬가지로 친일민족 반역자였다.

6. 일진회
대한제국을 망국으로 이끈 대표적인 친일단체다.

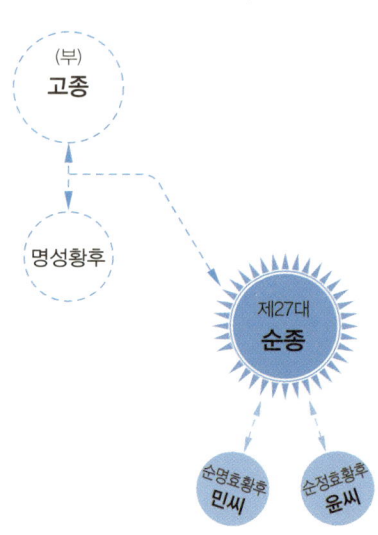

과 일본의 합병을 강행했다.

"조선인들이 너무도 원해서, 조선을 지켜 주기 위해 우리 대일본은 조선과 일본을 하나로 합병한다!"

이로써 조선은 519년 역사에 종지부를 찍었으며, 마지막 왕 순종은 폐위되었다.

순종은 폐위된 뒤에도 16년 동안 창덕궁에서 살다가 1926년 4월 25일에 53세를 일기로 생을 마감했다.

그 해 6월 10일, 순종의 국장이 치러졌는데, 3.1운동에 이어 또 한번 전국적인 6.10만세운동이 벌어졌다.

6.10만세운동

조선의 마지막 왕 순종의 장례식 날인 1926년 6월 10일에 있었던 만세운동이다. 이는 3.1운동에 이어 또 한 번 전국민의 독립의지를 드러낸 일이었다.

순종의 생애

순종은 고종의 장남이며, 명성황후 민씨 소생으로 1874년 2월 8일 창덕궁 관물헌에서 태어났으며, 이름은 척, 자는 군방, 호는 정헌이다. 2세 때인 1875년에 세자에 책봉되었으며, 9세 때인 1882년에 민태호의 딸을 세자빈으로 맞이하여 가례를 올렸다.

1897년에 대한제국이 수립되자 황태자에 책봉되었으며, 1904년에 태자비 민씨가 죽자, 윤택영의 딸을 태자비로 맞아들였다. 1907년 7월에 일제의 강요로 고종이 황위를 내놓고 양위해 그가 왕위에 올랐다. 이때 연호를 광무에서 융희로 고쳤다.

비록 황제의 자리에 오르긴 했지만, 엄밀한 의미에서 그는 황제라 할 수 없었다. 일본은 고종이 조선 합병에 걸림돌이 된다고 생각하고, 그를 허수아비 황제로 세웠다. 말하자면 그는 조선 식민화정책 과정에서 일본의 필요성에 의해 황위를 이었던 것이다.

그가 황제에 오른 이후 일본은 계획대로 식민화정책을 빠르게 진척시켰다. 1907년에는 조선의 군대를 해산했고, 1909년에는 사법권을 강탈했으며, 마침내 1910년 8월 29일에는 한일합병조약을 성립시켰던 것이다.

당시 순종 주변에는 온통 친일 인사만 포진해 있었기 때문에 순종은 저항할 능력을 잃은 상태였다.

전국 각지에서 의병이 일어나긴 했지만, 일본의 강력한 군대를 이겨내진 못했다.

순종 어진
고궁박물관 소장

조선이 일본에 합병된 뒤 순종은 왕으로 강등되어 창덕궁에 머물렀다. 일본은 그를 이왕이라 불렀고, 고종을 이태왕이라 불렀다.

그렇게 순종은 창덕궁에서 16년간 더 살다가 1926년 4월 25일에 53세를 일기로 생을 마감했다. 같은 해 6월 10일 국장일엔 또 한번 전국적으로 만세 운동이 일어났으나 3.1운동 때처럼 확산되진 못했다.

당시 실록 편찬자들은 그에게 순종이라는 묘호를 올리고, 여러 존호와 시호를 올렸으나, 망국의 황제에겐 무의미한 것이었다. 능은 경기도 양주 금곡리에 마련됐으며, 능호는 유릉이다.

2명의 정비를 두었으나 자녀는 얻지 못했다.

순종의 왕비

순명효황후 민씨 (1872~1904)

순명효황후는 여흥 민씨 태호의 딸이다. 1872년 10월 20일 한양의 양덕방 계동의 사가에서 태어났다. 11세 때인 1882년에 세자빈으로 책봉되어 입궐하였으며, 1897년에 황태자비가 되었다.

그녀는 1895년 을미사변 때 난입한 왜인 낭도들 앞을 막으며 명성황후 민씨를 구하려다가 맞아 쓰러져 한참 동안 기절한 채로 깨어나지 못한 것으로 기록되어 있다. 다행히 큰 부상은 당하지 않았지만, 이때의 충격은 그녀의 마음을 크게 병들게 했고, 결국 1904년 9월 28일에 경운궁 강태실에서 33세의 젊은 나이로 요절하고 말았다.

소생은 없었으며, 능은 경기도 양주 용마산 내동에 마련되었고, 능호는 유릉이라 했다. 후에 순종이 죽은 뒤 유릉은 미금의 금곡으로 옮겨졌다.

순정효황후 윤씨 (1894~1966)

　순정효황후 윤씨는 해평 윤씨 택영의 딸이다. 순종의 첫 번째 황태자비 순명효황후 민씨가 1904년에 사망하자, 1906년 12월 황태자비에 책봉되어 입궐했다. 이후 1907년 순종이 황제에 오름에 따라 황후가 되었으며, 그 해 여학에 입학하여 황후궁에 여시강을 두었다.

　1910년 국권이 강탈될 때 병풍 뒤에서 어전회의를 엿듣고 있다가 친일파들이 순종에게 합방 조약에 날인할 것을 강요하자, 이를 저지하고자 치마 속에 옥새를 감추고 내놓지 않았다 한다. 하지만 삼촌인 윤덕영에게 강제로 빼앗기고 말았다.

　망국 후 일제의 침탈 행위를 경험했으며, 해방과 6·25를 겪고 만년에는 불교에 귀의하여 대지월이라는 법명을 받기도 했다. 1966년 71세를 일기로 낙선재에서 심장마비로 사망했다.

　소생은 없었으며, 유릉에 묻혔다.

(고조부)	(증조부)	(조부)	(부)
목조	**익조**	**도조**	**환조**
안사	행리	춘	자춘
↓	↓	↓	↓
효공왕후	정숙왕후	경순왕후	의혜왕후